Alexander Somek

Moral als Bosheit

Xenia Hausner:
«Pensée Sauvage»

Alexander Somek

Moral als Bosheit

Rechtsphilosophische Studien

Mohr Siebeck

Alexander Somek, geboren 1961; 1984 Promotion; Habilitationen in Wien zunächst für Rechtsphilosophie (1992), dann auch für Verfassungsrecht (2001); Professor of Law am College of Law der University of Iowa; Fellow am Wissenschaftskolleg zu Berlin; Gastprofessor in Princeton; Gastprofessor an der London School of Economics; seit 2015 Professor für Rechtsphilosophie und juristische Methodenlehre an der rechtswissenschaftlichen Fakultät der Universität Wien.
orcid.org/0000-0003-1691-8855

ISBN 978-3-16-160835-3 / eISBN 978-3-16-160836-0
DOI 10.1628/978-3-16-160836-0

Die Deutsche Nationalbibliothek verzeichnet diese Publikation in der Deutschen Nationalbibliographie; detaillierte bibliographische Daten sind über *http://dnb.dnb.de* abrufbar.

© 2021 Mohr Siebeck Tübingen. www.mohrsiebeck.com

Das Werk einschließlich aller seiner Teile ist urheberrechtlich geschützt. Jede Verwertung außerhalb der engen Grenzen des Urheberrechtsgesetzes ist ohne Zustimmung des Verlags unzulässig und strafbar. Das gilt insbesondere für die Verbreitung, Vervielfältigung, Übersetzung und die Einspeicherung und Verarbeitung in elektronischen Systemen.

Das Buch wurde von Gulde-Druck in Tübingen gesetzt, auf alterungsbeständiges Werkdruckpapier gedruckt und gebunden.

Printed in Germany.

A. L. S.

in Dankbarkeit zugeeignet

Vorrede

Die Kapitel dieses Buches sind im Wesentlichen im letzten Jahr verfasst worden. Entsprungen sind sie meiner Verwunderung darüber, wie sich Menschen, die sich für sozial fortschrittlich halten, neuerdings betragen und wie sie die Welt sehen.

Einem ähnlichen Erstaunen haben andere bereits vor mir scharfsinnig Ausdruck verliehen. Robert Pfaller etwa näherte sich dem Phänomen aus psychoanalytischer Sicht und Bernd Stegemann unter Rekurs auf die Systemtheorie Luhmanns. In diesem Buch wird nun eine rechtsphilosophische Analyse angestrengt. In ihr spiegelt sich meine Auffassung über das Verhältnis von Recht und Moral wider.

Ich danke Daniela Taudt für Ihre Bereitschaft, das Buch in die «Kleine Weiße Reihe» aufzunehmen. Matthias Jestaedts gute Dienste möchte ich nicht unerwähnt lassen. Besonderen Dank schulde ich Xenia Hausner dafür, eine Fotografie ihres Gemäldes «Pensée Sauvage» meinem Werk gleichsam als Motto voranstellen zu dürfen. Der Text darf getrost als Versuch gelesen werden, dem überwältigenden sinnlichen Eindruck, den dieses Bild bei mir hinterlässt, mit ein paar philosophischen Gedanken die Hand zu reichen.

Das Buch ist den drei Frauen gewidmet, die dessen Entstehung kritisch begleitet haben. Ohne sie hätte ich kaum Mut gefasst, es fertig zu schreiben. Die Zusammenarbeit mit ihnen hat mich ebenso bezähmt wie beflügelt.

Wien, im April 2021   Alexander Somek

Inhalt

Einleitung	1
«Alle Chef_innen sind Arschlöcher»: Versuch über das Gendern	13
Die Moral unserer Zeit	43
Sein als Beleidigtsein: Eine ontologische Vermutung	59
Erziehung durch Recht	65
Tönender Rassismus.	85
Sein als Opfersein	113
Moral als Bosheit.	135
Das Vergessen der sozialen Frage.	169
Sachregister	195

Einleitung

· ⚔ ·

In diesem Buch geht eine Figur um, deren Spuk an den Fliegenden Holländer gemahnt. Es ist dies der alte weiße Mann. Für manche ist er das Emblem aller Übel. Gleich dem Fliegenden Holländer kann er nicht sterben, weil es niemanden gibt, der ihn liebt, schon gar keine Frau. Also muss er weiterleben, nicht zuletzt, weil er sich so wunderbar dazu eignet, gehasst zu werden und als Feindbild für jene fungiert, die, wenn man sie fragte, gewiss empört jegliche Assoziation mit dem Freund-Feind-Schema zurückweisen würden.

Und doch bleibt dieser Ungeliebte, obwohl er stereotypisch festgelegt ist, eine Rätselgestalt. Der alte weiße Mann, der gewiss auch «cis» und zum Gähnen langweilig heterosexuell ist, erwartet Begründungen, wo die Braven eilfertig in den Chor der Entrüstung einstimmen. Es ist gewiss ein inopportuner Gedanke zu vermuten, dass es sich bei ihm vielleicht doch um den Wiedergänger von Vernunft und Aufklärung handeln könnte. Aber immerhin tritt er so auf. Er verwahrt sich gegen die Unterstellung, er sei Sexist, bloß weil er Lust für etwas Positives hält, oder er sei Rassist, weil er meint, die Herabwürdigung von Osteuropäern sei zwar gewiss falsch, aber allein deshalb noch kein Anzeichen von Rassismus.

In den Kapiteln wird an manchen Stellen daran erinnert, dass der Autor, der, wie er bereitwillig zugibt, auch kein Jüngling mehr ist, eventuell der Geistermannschaft des Fliegenden Holländers angehört, und darum weiß, dass er seine Texte in einer Situation der Gegnerschaft verfasst hat. Er rechnet damit, dass seine «Gegner*innen» (der Gebrauch der Anführungszeichen wird im ersten Kapitel erklärt) ihm mit allerlei Vorurteilen begegnen werden. Er rächt sich dafür gleichsam im Voraus mit manch leiser Polemik, wie es sich im Kontext des Moralisierens gehört. Er muss mit allerlei Anwürfen rechnen und nimmt sich fest vor, sie demütig zu erdulden.

· ✗ ·

Inhaltlich verfolgen die nun folgenden Studien einen zweifachen Zweck. Einerseits untersuchen sie das Bestreben, universellen gleichen Respekt durch die Korrektur von moralischen Fehlhaltungen zu garantieren; andererseits widmen sie sich dem Verhältnis von Recht und Moral.

Der Glaube, der Politik stünde es an, Fehlhaltungen zu korrigieren, prägt den ideologischen Horizont dessen, was ich mangels einer besseren Alternative als die «neoliberale Linke» bezeichne.[1] Diese begegnet uns idealtypisch in einem Geflecht von Einstellungen, das unter Progressiven verbreitet ist,

---

[1] In eine ganz ähnliche, wenn nicht gar dieselbe Kerbe schlägt der unnachahmliche und meisterhafte Robert Pfaller, vor allem in seinem Buch *Erwachsenensprache: Über ihr Verschwinden aus Politik und Kultur*, Frankfurt/Main 2017, 57–61. Siehe nunmehr auch Bernd Stegemann, *Die Moralfalle: Für eine Befreiung linker Politik*, Berlin 2018. Es stellt der Segmentierung akademischer Diskurse kein gutes Zeugnis aus, wenn in einem jüngst zum Thema «Moralismus» erschienenen Sammelband die Werke dieser beiden Autoren ignoriert werden. Siehe *Kritik des Moralismus*, hrsg. v. Ch. Neuhäuser – Ch. Seidel, Berlin 2020. Für eine stark am US-amerikanischen Beispiel orientierte Phänomenologie siehe Mark Lilla, *The Once and Future Liberal: After Identity Politics*, New York 2017, 57–93.

die sowohl der neuen akademischen Mittelklasse[2] als auch dem besser gebildeten Prekariat angehören.

Wer heute liberal und fortschrittlich ist, glaubt gewiss nicht mehr an die transformierende Mission einer revolutionären Klasse (des «Proletariats»), sondern weiß Bescheid, dass es für alle entscheidend darauf ankommt, sich zu qualifizieren und kompetitiven Auswahlverfahren zu stellen. Man steht allein da und muss für sich allein kämpfen. Die wettbewerbsorientierte Marktwirtschaft gilt als vorgegeben und unantastbar. Die eigentliche politische Herausforderung wird darin gesehen, sie «inklusiver» zu machen durch die Verbesserung der Chancengleichheit und den Abbau von Ausgrenzungen, insbesondere solcher aufgrund des Geschlechts, der sexuellen Orientierung oder der «Rasse».[3] Die neoliberale Linke ist allerdings uneingestanden demokratieskeptisch, weil sie jeglichem «Populismus» angstbesetzt abschwört,[4] und umgekehrt technokratiefreundlich, indem sie die Autorität von Bürokratien, die sich an Expertisen orientieren, grundsätzlich respektiert. Wofür sich progressive Liberale reichlich wenig einsetzen, sind flachere sozio-ökonomische Hierarchien, zumal es ihnen, wie erwähnt, umgekehrt gerade darum geht, die vormals Diskriminierten und Ausgeschlossenen in prestigereichen Positionen zu sehen. Gewerkschaften spielen in diesem Universum eine weniger bedeutende Rolle als

---

[2] Siehe dazu Andreas Reckwitz, *Die Gesellschaft der Singularitäten: Zum Strukturwandel der Moderne*, Berlin 2017, 279, 365; ders., *Das Ende der Illusionen: Politik, Ökonomie und Kultur in der Spätmoderne*, 2. Aufl. Berlin 2019, 90–96.

[3] Für einen früheren Versuch, die «neoliberale Linke» unter diesem Gesichtspunkt zu bestimmen, siehe Alexander Somek, *Engineering Equality: An Essay on European Anti-Discrimination Law*, Oxford 2011, 14–16.

[4] Siehe Philip Manow, *Die politische Ökonomie des Populismus*, Berlin 2018, 30.

«Prozesse» der respektvollen Kommunikation und des Aushandelns. Die Umverteilung des Vermögens ist ein vernachlässigtes Thema. Was umgekehrt zählt, ist die Herstellung von sozialer Sichtbarkeit. In der fortschrittlichen liberalen Gesellschaft geht es ums Sehen und Gesehen-Werden.

Die thematische Verbindung zwischen der Haltungskorrektur zum Zweck der Inklusion und dem Verhältnis von Recht und Moral ergibt sich wie von selbst. Durch Verbote oder Gebote soll der Einfluss von rassistischen, sexistischen, homophoben oder ethnozentrischen Haltungen eingedämmt und diese langfristig überwunden werden. Das ist ein völlig legitimes Ziel. Allerdings kollidiert die Art seiner Durchsetzung mitunter mit einem wichtigen liberalen Grundsatz. Die neoliberale Linke steht auf Kriegsfuß mit der Legalität des Rechts. Deswegen fällt ein dunkler Schatten auf sie. Außerdem entpuppt sie sich auch als bloß *scheinbar* progressiv. Sie stellt soziale Ungleichheiten und Hierarchien nur infrage, um den Angehörigen vormals unterprivilegierter Gruppen gleichen Zugang zu Vorrechten zu verschaffen. Die Vorrechte selbst werden nicht «skandalisiert».

Die nun folgenden Studien bieten keine umfassende Rekonstruktion der progressiv liberalen Gedankenwelt. Sie greifen bloß ein paar Beispiele heraus wie das Gendern, den Schutz vor sexueller Belästigung, die Empörung über rassistische Labels oder die Gruppenrepräsentation in Institutionen. Es wird sich zeigen, dass in diesen Kontexten die Begeisterung über das eigene moralische Überzeugt-Sein so stark ausgeprägt ist, dass es in moralischen Non-Kognitivismus umschlägt.⁵ Das moralische Urteil weiß somit ums Gute und Richtige im Modus des Nicht-Wissens. Das impliziert, dass die moralische Praxis der neoliberalen Linken, wenn sie sich metaethisch angemessen ausbuchstabierte, als «emotivistisch» zu charakterisieren wäre.⁶ Es ist diese emotivistisch praktizierte Moralität, die mit der Legalität unvereinbar ist. Bei der Rechtsanwendung dringt sie in unbestimmte Begriffe ein und löst das Recht von innen auf.

Nach emotivistischer Auffassung besteht die Funktion des moralischen Urteils darin, Zustimmung oder Ablehnung auszudrücken und dafür um Beistimmung und Unterstützung zu werben.⁷ Das moralische Urteil sagt nichts aus, auch nichts Subjektives im Sinne des «ich glaube, dass ...». Es zielt bloß darauf ab, sozialen Rückhalt für die in ihm ausgedrückte Emotion zu erhalten. Es pendelt gleichmäßig, wenn auch nicht stoisch ruhig, hin und her zwischen «Pfui» und «Wow».

In dieses Bild passt, dass eine Praxis wie das Gendern ostentativ verfährt. Jeder oder jede, der oder die sich darauf einlässt, führt das eigene Tun als moralisch richtig vor und präsentiert sich als Vorbild für andere. Wer gendert, lässt den Stern des Gutseins für sich leuchten.

Weil es in diesem metaethischen Horizont um den Ausdruck von Billigung oder Missbilligung und um emotionalen Beistand geht, muss es nicht wundernehmen, dass jenen, die

---

⁵ Für eine analoge Beobachtung aus psychoanalytischer Sicht, wonach in diesem Zusammenhang das unmittelbare subjektive Empfinden als eine nicht relativierbare Wahrheit angesehen wird, siehe Pfaller, oben Anm. 1, 120–121, 127. Pfaller charakterisiert diese Form von Überzeugung als «paranoische Einbildung».

⁶ Diesen Zusammenhang mit dem Emotivismus sieht auch Robert Pfaller, Moralisieren ohne Moral, in: *Moral und Schuld: Exkulpationsnarrative in Ethikdebatten*, hrsg. v. H. Grimm – St. Schleissing, Baden-Baden 2019, 37–67.

⁷ Siehe J. O. Urmson, *The Emotive Theory of Ethics*, London 1968.

sich als Opfer präsentieren, bei der Bestimmung eines moralischen Fehlverhaltens der Vortritt gelassen wird.[8] Wenn sich jemand darüber beklagt, eine Geste sei verächtlich gewesen, und genügend andere der Person spontan beipflichten, dann hat das moralische Urteil seine Funktion erfüllt. Es mag zwar weder wahr noch falsch sein, aber der soziale Akt des Missbilligens vermag zu gelingen. Auf das Gelingen kommt es an, nicht auf die Richtigkeit.

An diesem Vorrang wird auch die Verbindung zum Inklusionsparadigma erkennbar. Ob jemand von der gleichberechtigten und respektvollen sozialen Zusammenarbeit zu Unrecht ausgeschlossen worden ist, ist primär von den Ausgegrenzten selbst zu bestimmen. Sie haben es in der Hand, sich in den Status von Inklusionskandidaten zu versetzen. Die Bekämpfung von Ausgrenzung erhält ihren Anstoß von unten oder von der Seite, von den Unterdrückten also oder von den Marginalisierten.

Die zunächst angestrengten exemplarischen Analysen einer moralischen Praxis, die sich, wenn sie sich bloß angemessen verstünde, als emotivistisch begreifen müsste, stoßen sodann auf ein generelles Problem. Es stellt sich ganz abgesehen vom Gehalt progressiver liberaler Ideen. Wenn bloß das soziale Gelingen des Billigens oder Missbilligens von Relevanz ist, dann ist die inhaltliche Richtigkeit des moralischen Urteils egal. Das Moralisieren verkehrt sich in eine Machtfrage. Damit gerät das moralische Urteil notwendig ins Zwielicht, boshaft zu sein. In die Analyse dieses Phänomens tritt der

---

[8] Zur Relevanz des «feeling self» siehe Lilla, oben Anm. 1, 76. Siehe auch Pfaller, oben Anm. 5, 117, 135, 150, zur Reduzierung der Einwirkung des Über-Ichs auf das Ich auf das Gebot, das Ich solle es selbst sein.

Titelessay dieses Buches ein. In ihm wird versucht, die latente Immoralität des emotiven, non-kognitivistischen Moralisierens unter dem Gesichtspunkt der Richtigkeit des moralischen Urteils – also kognitivistisch – auf den Punkt zu bringen.[9]

Annähern kann man sich der Bosheit der Moral am Leitfaden des moralischen Fanatismus. Er tritt in zwei Formen auf. Zum einen ist es fanatisch, in Situationen stur auf einem Grundsatz zu beharren, obwohl die Orientierung an anderen angemessener sein könnte. Zum anderen verhält man sich fanatisch, wenn man anderen große Nachteile zumutet, allerdings mit der Bereitschaft, diese auch selbst zu tragen, obwohl dies weder für einen selbst noch für die anderen zum Besten ist. Asketische Lebensideale sind ein intuitiv einleuchtendes Beispiel für diese Form des Fanatismus. Natürlich ist es bequemer, als Fanatiker durchs Leben zu gehen, wenn es unwahrscheinlich ist, jemals selbst in die Verlegenheit zu geraten, die Regel oder das Prinzip, für das man eintritt, auf einen selbst angewendet zu sehen. Angehörige wohlhabender Schichten, die von armen Menschen erwarten, sich aus eigener Kraft aus dem Elend zu befreien, zumal nur dies für sie angeblich wirklich gut sei, sind das Musterbeispiel dafür. An ihm zeigt sich zweierlei: Einerseits zieht das moralische Urteil den Verdacht der Bosheit auf sich, indem es Menschen mit Erwartungen an ihre Eigenschaften und Haltungen begegnet, die sich nicht verallgemeinern lassen; andererseits macht sich der Heuchelei schuldig, wer sich auf eine Norm beruft, um Nachteile für andere zu rechtfertigen, ohne Gefahr zu laufen, diese je selbst in Kauf nehmen zu müssen. Der erste Aspekt ist endemisch in Gesellschaften, die

---

[9] In gewisser Weise ist das auch das Anliegen von Stegemann, der allerdings ein kognitivistisches Moralverständnis als «Ethik» bezeichnet und diese der emotiven «Moral» gegenüberstellt. Siehe Stegemann, oben Anm. 1, 28–29, 186.

sich nicht mehr durch traditionelle Sittlichkeit auszeichnen. Moralische Urteile funktionieren unter der sozialen Voraussetzung, dass die normativen Erwartungen an den menschlichen Charakter homogen sind. Davon lässt sich aber nicht mehr ohne Weiteres ausgehen.

Mit dem Fanatismus, den unzumutbaren Erwartungen an die Eigenschaften oder Haltungen der Menschen und mit der Heuchelei erschließt sich ein Phänomenbereich, der um Elemente wie die Enthaltung vom Handeln, die Handlungskompensation durch Verachtung (das «Ressentiment») oder das Mitmachen durch Ducken zu ergänzen ist.[10] Zwischen diesen Phänomenen besteht ein leicht einleuchtender systematischer Zusammenhang. Sie geben den Ausschlag darüber, dass Moral in den Verdacht geraten muss, boshaft zu sein.

Am Beispiel der sexuellen Belästigung lässt sich studieren, wie diese mit der Praxis des moralischen Urteils zusammenhängenden Phänomene in das Recht eindringen und dessen Legalität unterminieren. Was genau als sexuelle Belästigung zu klassifizieren ist, lässt sich schwer bestimmen, sobald man über den geschmacklosen Kernbereich des Betatschens, Grapschens und der anzüglichen Bemerkungen hinausgeht. Die Verunsicherung derer, die sich nicht fanatisch ins Zeug werfen und nicht leichtfertig mehrdeutige Gesten den einschlägigen Tatbeständen subsumieren, führt dazu, dass sie schweigen, während andere den Tatbestand von Situation zu Situation zurechtlegen. Sie schweigen, weil sie fürchten, als Sexisten denunziert zu werden, wenn sie widersprächen. Als würde Carl Schmitt recht behalten, wird der Gehalt der Norm durch die Intuition derer festgelegt, die mit dem Brustton der Überzeugung verkünden, was in einem institutionellen Kon-

---

[10] Sie spielen auch in den scharfsinnigen Analysen von Stegemann, oben Anm. 3, eine bedeutende Rolle.

text als die «normale Situation» gilt.[11] Der Gehalt wird emotiv durch jene determiniert, die mit einer Agenda an die Sache herangehen. Die Ratlosen sehen von der Peripherie der Schweigespirale aus unbeteiligt zu. Während die Agenda-Setter ihre Heuchelei ausleben können, handeln die Schweigenden durch Unterlassen.

Nun lässt sich unter diesen Umständen die Reaktion des Rechtssystems nur vorhersehen, wenn die Betroffenen sich, was allerdings nur schwer möglich ist, in die Perspektive der Agenda-Setter hineinversetzen. Dies zu erwarten widerspricht aber dem Versprechen des Rechts, bloß die Legalität des Verhaltens zu fordern und damit ein Mindestmaß an Freiheit zu garantieren. Legalität bedeutet «äußeres» Befolgen einer Norm und damit ein fundamentales Unbeteiligt-Sein an den Plänen der normsetzenden Stellen.

Die Legalität hat ihren Ursprung im Rechtsverhältnis. Dieses entsteht, wenn das Urteil einer anderen Person über gemeinsame Angelegenheiten aus Respekt vor der Kompetenz der Person gelten gelassen wird. Es wird gelten gelassen auch dann, wenn man inhaltlich nicht übereinstimmt. Die Festlegung gilt dann unabhängig von ihrem Inhalt kraft der Anerkennung einer Befugnis. Die für das Rechtverhältnis charakteristische Rechtsgeltung wird konstituiert, wenn das moralische Urteil sich von sich selbst unterscheidet und in seiner Sozialdimension die Urteilsfähigkeit anderer anerkennt und gleichzeitig seine inhaltliche Dimension abblendet.

Mit diesem Schritt verändert sich die praktische Vernunft. Das Rechtsverhältnis lässt sich somit als praktischer Aus-

---

[11] Siehe Carl Schmitt, *Über die drei Arten des rechtswissenschaftlichen Denkens*, Hamburg 1934, 22–23.

druck der Kritik der praktischen Vernunft begreifen. Nicht zuletzt durch die Anerkennung vernünftiger Auffassungsunterschiede vollzieht sie jene Selbstkorrektur, welche dem individuellen moralischen Urteil abverlangt, sich im Verhältnis zu den Urteilen anderer zurückzunehmen. Aus dieser Zurücknahme entsteht die Anerkennung der Rechtsmacht, Entscheidungen zu treffen. Ein anerkanntes moralisches Urteil, dessen inhaltliche Dimension abgeblendet wird, stellt sich als gültige Entscheidung – als ein «Willensakt» – dar. Für deren Geltung ist unerheblich, ob die Universalisierbarkeit bloß geheuchelt ist. Mit der Transformation des Urteilens in Entscheidungen werden die Probleme der Moral aufgehoben. Was vorher Bosheit war, verwandelt sich zum Problem einer Asymmetrie im Verhältnis von Kompetenz und Unterworfen-Sein.

Die Heuchelei stellt sich nunmehr als Machtgefälle dar. Zwar ist die Begründung von Rechtspositionen stets moralisch gehaltvoll, aber dieser Gehalt muss sich durch Entscheidungen und diese Entscheidungen durch vorbereitende Verfahren vermitteln lassen. Moralische Probleme («Was soll ich tun?», «Was sollen wir tun?») werden zu politischen Problemen, die uns mit der Frage konfrontieren, wie viel und welche Bestimmung durch andere mit unserer Freiheit vereinbar ist. Im Hintergrund steht die Herausforderung der *conditio politica*, ein gemeinsames Vorgehen angesichts der Pluralität von Perspektiven und Ansichten zu ermöglichen.[12] Das Verhältnis zwischen dem Urteil des einen und des anderen stellt sich im Rechtsverhältnis, um es in der Sprache des öffentlichen Rechts auszudrücken, als Verhältnis zwischen Eingriff und Freiheit dar. Nach klassisch liberaler Auffassung gilt es, die Freiheit

---

[12] Siehe Hannah Arendt, *Vita Activa oder Vom tätigen Leben*, dt. 10. Aufl. München 2011.

vor dem unbarmherzigen Zugriff des Moralisierens zu schützen. Wenn man dies mitbedenkt, dann impliziert mehr Unbestimmtheit auch mehr Freiheit. Was rechtlich reguliert wird, sollte sich umgekehrt möglichst klar sagen lassen und sollte nicht vage und schwammig bleiben.

Dennoch lässt sich nicht bestreiten, dass Rechtsregeln nicht moralisch neutral sein können. Das Recht muss deswegen sein Terrain gegenüber der Moral immer wieder verteidigen, indem es diese einhegt. Es verfährt dabei so, dass es die Behandlung moralischer Fragen auf die Struktur des Rechtsverhältnisses zuschneidet. Aus der Frage, ob es eine «Rettungsfolter» geben dürfe, wird die Frage, ob die Verfassung der Gesetzgebung die Kompetenz verliehen hat, dies zuzulassen. Dies wirft die weitere Frage auf, wie nonchalant ein Verfassungsgericht bei der Verfassungsauslegung verfahren dürfe. Indem es um die Befugnisse, Kompetenzen und Pflichten von Institutionen geht, ist dem Gebrauch solcher Überlegungen ihr Zuschnitt auf das Rechtsverhältnis ins Gesicht geschrieben.

Die nachstehenden Ausführungen bieten eine kritische Theorie, die sich zum Teil gegen etwas wendet, das sich zu Unrecht für eine solche hält. Als kritische Theorie artikuliert sie einen normativen Gesichtspunkt, der schon in der gelebten menschlichen Praxis steckt, und wendet sich gegen eine dort auftretende Verformung der Vernunft.[13] Der kritische Gesichtspunkt besteht in der Emanzipation von den unbegründeten moralischen Anmaßungen unserer Mitmenschen und der relevanten Verformung in dem Missverhältnis von Recht

---

[13] Siehe dazu Axel Honneth, *Pathologien der Vernunft: Geschichte und Gegenwart der kritischen Theorie*, Frankfurt/Main 2007, 30, 41.

und Moral. Die Themen des Bandes greifen ineinander und kulminieren in den beiden abschließenden Studien, die einerseits dem Verhältnis von Recht und Moral und andererseits einer genaueren Bestimmung des Inklusionsparadigmas gewidmet sind.

Der Autor hat eingangs versprochen, alle Kritik geduldig hinnehmen zu wollen. Nur eine Ausnahme möchte er sich ausbitten. Er will sogleich und *a limine* von sich weisen, zu den Rechten oder Konservativen zu gehören, die seit Jahrzehnten die Welt mit ihrem Gejammer über die «political correctness» nerven.

Der Autor erlaubt sich daher auszusprechen, dass er sich weder für konservativ noch für politisch rechtsstehend hält. Als gebürtiger Wiener bekennt er sich, auch wenn seine Herkunft nichts zur Sache tut, zu den Idealen des Roten Wien. Sie sind nicht Thema des Buchs, aber es darf auch als verstohlener Schwanengesang auf die Relevanz von Zielen gelesen werden, bei denen es nicht um den gleichberechtigten Zugang zu privilegierten Positionen ging, sondern darum, «die Schranken niederzureißen, die den Menschen zu einem apathischen Opfer überlebter Gewalten machen.»[14]

---

[14] Max Adler, *Neue Menschen: Gedanken über sozialistische Erziehung*, 2. Aufl. Berlin 1926, 209.

«Alle Chef_innen sind Arschlöcher»[1]:
Versuch über das Gendern

· ⚔ ·

Früher war es üblich, die Menschen, mit denen man zusammenarbeitet, als «Kollegen» anzusprechen. Das Substantiv Plural sollte die Menschen unabhängig von ihrem Geschlecht bezeichnen. Signifikanten galten als arbiträr, und das nicht ganz zu Unrecht, denn sie tragen aus semiotischer Sicht zur Bedeutung des Signifikats prinzipiell nichts bei.[2] Wer eine Gruppe von Menschen als «Kollegen» anredete, dem wurde nicht unterstellt, über das Geschlecht zu sprechen. Das grammatische Maskulinum – das Genus – des Plurals wurde als unerheblich betrachtet zur Bestimmung der Elemente der Menge von Menschen, mit denen man arbeitet. Unter extensionalem Vorzeichen galt der männliche Ausdruck als geschlechtsneutral.

Diese Sicht gilt uns heute weder als selbstverständlich noch als unschuldig. Viele halten sie für falsch. Dieser Wandel erklärt sich daraus, dass Feministinnen die voranstehende semiotische Binsenwahrheit hinterfragt haben.[3] Auf sie wurde

---

[1] Der zitierte Satz findet sich auf einem Plakat, auf dem in roter Schrift noch der Zusatz «Überall» folgt. Es ist bemerkenswert, dass jemand sich auch bei einer Beleidigung bemüßigt fühlt, gendergerecht zu formulieren. Ich danke Ebrahim Afsah für diesen Fund.

[2] Siehe Ferdinand de Saussure, *Cours de linguistique générale*, Paris 2016.

[3] Siehe etwa Luise F. Pusch, *Deutsch als Männersprache*, Frankfurt/Main 1984.

ein zweiter Blick geworfen, dem nicht entgehen konnte, dass Hauptwörter Genera haben. Sie sind männlich, weiblich oder neutral. Somit ließ sich die Frage aufwerfen, ob sich hinter der «generischen» Verwendung des Maskulinum, vor allem beim Gebrauch des Plurals, nicht doch eine «hidden agenda» verberge; oder wenigstens eine Fehlleistung, die indiziert, dass für die Sprechenden die Frauen in der Berufswelt nicht vorkommen oder, insofern sie vorkommen, nichts zählen.

Gegen eine solche Hermeneutik des Verdachts[4] hätte sich vielleicht der Einwand erheben lassen, dass das sprachliche Genus vom Geschlecht im sozialen Sinne verschieden und immer wieder arbiträr verteilt sei. «Die Welle» sei weiblich, während «der Vogel» männlich sei, aber für die Bedeutung des Begriffs sei das unerheblich. Gewiss mag es Philologen geben, die uns die Ursache für die Unterschiede zwischen Genera erklären könnten, aber es würde uns schon sehr überraschen, darüber belehrt zu werden, dahinter stehe eine geschlechtspolitische Strategie.

Aber der Einwand stieße bald an eine Grenze. Ist wirklich alles so zufällig? «Die Bürste» ist weiblich, «der Hammer» männlich. Schimmert da nicht in der Sprache schon die geschlechtsspezifische Arbeitsteilung durch? Und wenn in der Welt, die über den häuslichen Bereich hinausgeht, Menschen *by default* als maskulin angesprochen werden, dann liegt es wohl auf der Hand, dass da etwas nicht stimmt.[5]

Das «generische Maskulinum» ignoriert die Präsenz von Frauen in der Arbeitswelt. Sprache ist an sich nicht harmlos.

---

[4] Siehe Paul Ricoeur, *Die Interpretation: Ein Versuch über Freud*, dt. Frankfurt/Main 1974.

[5] Dass es sich dabei um einen typisch deutschen Argwohn handelt, wohingegen das Englische mit Begriffen wie «Prime Minister» oder «Doctor» kein Genus verbindet, beobachtet Nele Pollatschek, *Dear Oxbridge: Liebesbrief an England*, 2. Aufl. Berlin 2020, 190–191.

Sie punziert und normalisiert. Sie verletzt.[6] Und wenn die Punzierung und Normalisierung einmal ihr Werk getan haben, dann gilt es, die Präsenz des vormals abwesenden Geschlechts durch eine Sprachrevision wieder herzustellen. Nur wenn die Sprache inklusiver wird, kann sichtbar werden, wer die soziale Welt bevölkert. Die Sprache muss Sichtbarkeit gewährleisten, denn nur dies verbürgt öffentliche Anerkennung. Das Gendern ist ein Mittel dazu.

Das klingt plausibel. Aber der Sachverhalt ist verwickelter, als es anmuten mag. Zumindest zeigt dies ein zweiter Blick auf den zweiten Blick. Er gibt zu erkennen, dass das Gendern ein philosophisch ansprechendes Phänomen ist.

Wenn das Anliegen des Genderns, wie es in einschlägigen Ratgebern und Empfehlungen wiedergegeben wird,[7] dahingehend bestimmt wird, Frauen in der Gesellschaft sichtbar zu machen, wird deutlich, worum es nicht geht. Es geht nicht um die Bedeutung der Ausdrücke. Deswegen haben das generische Maskulinum und der feministische Einspruch dagegen

---

[6] Siehe Mari J. Matsuda, *Words that Wound*, Westview Press 1993; Mary Kate MacGowan, *Just Words: On Speech and Hidden Harm*, Oxford 2019; Catherine MacKinnon, *Only Words*, Cambridge, Mass. 1993.

[7] Siehe etwa im Leitfaden für einen gendergerechten Sprachgebrauch der Universität Salzburg, https://www.uni-salzburg.at/fileadmin/multimedia/Praktische%20Theologie/documents/Anderes/Leitfaden_für_gerechten_Sprachgebrauch.pdf. 4: «Frauen treten jedoch in unserer Sprache vielfach nicht in Erscheinung, bleiben somit unsichtbar und auch unhörbar». Ähnlich an der Uni Graz, https://static.uni-graz.at/fileadmin/Akgl/4_Fuer_MitarbeiterInnen/LEITFADEN_Genderge rechtes_Formulieren_APZ.pdf 1: «Durch einen bewussten Umgang mit der Sprache werden die Anteile von Frauen in allen gesellschaftlichen Bereichen sichtbar gemacht.» (13.6.2021)

in gewisser Hinsicht beide recht. Das ist so, weil sie auf eine philosophisch interessante Weise aneinander vorbeireden.

Gegen den maskulinen Plural mag man einwenden wollen, der Begriff der «Kollegen» bezeichne bloß die Männer und nicht die Frauen. Deswegen kämen die Frauen nicht oder bloß zum Schein vor. Der Beweis dafür sei, dass, wenn man das Maskulinum verwende, vor dem geistigen Auge das Bild einer Gruppe von Männern entstehe. Noch deutlicher werde dies im Fall des generischen Singulars. Jemandem werde gesagt, jetzt komme gleich «der Chirurg». Die Überraschung werde groß sein, wenn es sich beim «Chirurgen» um eine Frau handle.

Dass Begriffe Bilder hervorrufen, lässt sich nicht leugnen. Dennoch wäre es unrichtig, diese Bilder für deren Bedeutung zu nehmen. Der amerikanische Philosoph Hillary Putnam ist nicht müde geworden, dies herauszustellen[8] und wählte als Beispiel unter anderem den Begriff der «Hexe». Wir alle haben ein gewisses Bild vor Augen, wenn wir diesen Begriff hören oder lesen (ich sehe eine Kohlezeichnung eines weiblichen Profils mit warziger Hakennase und Schlapphut vor mir). Aber die Bilder, die ein Begriff evoziert, fallen bei verschiedenen Personen immer wieder unterschiedlich aus. Wenn die Bedeutung eines Ausdrucks von dem evozierten Bild abhinge, könnte es wegen der mangelnden Übereinstimmung der Bilder keine intersubjektiv geteilte Bedeutung geben. Aber dennoch können wir den Begriff der «Hexe» gebrauchen, und wir können dies, weil er «bösartige Frau mit magischen Kräften» bedeutet. Diese Bedeutung ist von den mentalen «Images», die seine Verwendung hervorruft, verschieden.

Wenn Putnam mit dieser Beobachtung richtig liegt, dann ist die Idee des «generischen Maskulinums» nicht so verkehrt,

---

[8] Siehe etwa Hilary Putnam, *Repräsentation und Realität*, dt. Frankfurt/Main 1991, 52–58.

wie sie uns heute erscheinen mag. Wenn jemand eine andere Person als «Chirurg» anspricht, dann bezieht er sich auf deren medizinische Kompetenz. Das Geschlecht ist unerheblich. Es ist nicht mitgemeint, weil es in der Bedeutung von «Chirurg» gar nicht enthalten ist.

Die feministische Kritik bezieht sich auch auf etwas anderes. Ihr geht es offenbar um das geistige Bild, das entsteht, wenn der Begriff «Chirurg» verwendet wird. Es ist schwer von der Hand zu weisen, dass viele von uns in diesem Fall einen Herrn im weißen Kittel vor sich sehen. Es geht nicht um das, was die Worte bedeuten, sondern um das, was wir mit unserem «inneren Sinn» (Kant, immerhin!) wahrnehmen, wenn wir sie lesen oder hören. Während die Verfechter des generischen Maskulinums von der Bedeutung reden, verweist die feministische Kritik auf das, was wir vermöge der Einbildungskraft zu Gesicht bekommen. Der Fokus auf die Einbildungskraft ist mit dem Anliegen konsistent, dass durch Gendern Sichtbarkeit geschaffen oder verändert werden soll.

· ✗ ·

Sichtbarkeit – das Sehen und Gesehen-Werden – ist es also, worum es der Sprachkritik geht. Sie appropriiert damit die Semantik eines Ausdrucks für den *amour propre*.[9] Darunter versteht man jene Form der Selbstliebe, die sich darin manifestiert, dass man von anderen wahrgenommen und gut bewertet wird. Eine Person soll als «Chirurgin» gesehen werden; und das bedeutet, sowohl als «Chirurg» als auch als

---

[9] Siehe Jean-Jacques Rousseau, Abhandlung über den Ursprung und die Grundlagen der Ungleichheit, dt. in: ders., *Schriften*, hrsg. v. Henning Ritter, München 1978, Bd. 1, 165–301, hier: 242. Sehr hilfreich ist Frederick Neuhouser, *Rousseau's Theodicy of Self-Love: Evil, Rationality, and the Desire for Recognition*, Oxford 2008, z. B. 47, 68.

Frau.[10] Die Bedeutung wird damit um ein Moment der Anerkennung der Geschlechtsidentität angereichert. Als performativer Akt wird sie zur Bedeutung gleichsam hinzu verpackt. Zur Bedeutung von «Chirurg» als «eine Person mit Fähigkeiten, andere medizinisch durch einen operativen Eingriff zu heilen» kommt die Anerkennung hinzu, dass diese Person auch weiblich ist. Dieser performative Akt soll vollzogen werden aufgrund der Unterstellung, dass das generische Maskulinum immer schon einen komplementären Akt vollzogen habe, zumal die Entstehung des geistigen Bildes einem Akt der Anerkennung gleichgehalten wird oder als Perpetuierung der Fusion der Profession mit dem Mannsein gilt.

Aber an diesem Punkt muss man zweifeln. Die Entstehung des geistigen Bildes ist eine Begleiterscheinung der Begriffsverwendung. Sie als einen Akt der Anerkennung zu deuten, ist ein *non-sequitur*. Begleiterscheinungen sind willkürlich. Wenn ich zufällig, weil mir warm ist, den Hut in dem Moment abnehme, da der Kaiser vor mir vorbeizieht, dann ist dies kein Akt der Respektsbezeugung. Ebenso wenig liegt im Auftreten der männlichen Begleiterscheinung eine Abwertung von Frauen. Auf der semantischen Ebene ist das sowieso eindeutig. Die Bezugnahme auf ein Objekt schließt keine Respektsbezeugung ein (nach dem Motto: «Hier ist ein Baum. Chapeau!»).

An der Bedeutung von Ausdrücken unterscheidet man gemeinhin die Intension und die Extension, um die Eigen-

---

[10] Pollatschek, oben Anm. 5, 195, 206, merkt dazu an, dass die Englische Strategie, die Assoziation eines Berufs mit einem Geschlecht zu vermeiden, darin besteht, einen weiblichen «Prime Minister» zu wählen. Wer unter Margaret Thatcher aufgewachsen sei, verbinde mit dem Amt keinen männlichen Inhaber mehr.

schaften der mit Prädikaten bezeichneten Gegenstände von den Gegenständen selbst unterscheiden zu können. Die Intension eines «Spatens» ist es, ein aus einem Stiel und einem Blatt bestehendes, zum Graben taugliches Ding zu sein, während die Extension von «Spaten» aus allen Dingen besteht, auf die diese Eigenschaften zutreffen. Selbstverständlich haben die Dinge, die Spaten sind, auch noch andere Eigenschaften als jene, die ihr Spatensein ausmachen. So könnten etwa die Stiele, auf denen die Schaufelblätter angebracht sind, braun oder grau sein. Aber für die Bedeutung von «Spaten» spielt das keine Rolle. Es handelt sich um zufällige zusätzliche Eigenschaften des Bezugsgegenstands. Selbstverständlich könnte man vereinbaren, unter «Spa*ten» alle jene Spaten zu verstehen, die sich entweder durch braune oder graue Stiele auszeichnen. Es ist denkbar, zusätzliche Elemente aus der Extension eines Ausdrucks in die Intension zu verlegen. Die Frage ist, weshalb man dies tun sollte. Man könnte behaupten, das sei notwendig, um der Farbe Respekt zu bezeugen. Die Bezeichnung erhielte damit eine andere Funktion. Sie würde pragmatisch überdeterminiert.

Die propositional ausdifferenzierte Bezugnahme auf Gegenstände ist an sich kein Akt der Respektbezeugung. Sie wählt Bezugsgegenstände mit Blick auf manche Eigenschaften aus. Deswegen ist die Idee, die Verwendung der generischen männlichen Form versage Respekt, seltsam. Die bisherige Sprachpraxis kannte die Funktion nicht, das Geschlecht von Bezugspersonen eigens hervorzuheben. Im geschlechtsneutralen Ausdruck waren immer schon alle Geschlechter inkludiert, weil das Geschlecht für die Auswahl der Bezugsgegenstände keine Rolle spielte. Erst mit der Aufnahme des Geschlechts in die Intension konnte daher das Problem auftreten, dass der Gebrauch der weiblichen und der männlichen Form die Transpersonen und Intersexuellen von der Extension von «Chirurg» ausschließt. Ein solcher Ausschluss kann aber nur eintreten, weil die neutral intendierte Intension stillschweigend weiterhin ihre Funktion erfüllt, die Bezugsgegenstände zu identifizieren. Das Fehlen der Trans- und Intersexuellen fällt nur deswegen auf, weil es den Kontrast zwischen dem althergebrachten «Chirurgen» und der moralisch überdeterminierten «ChirurgIn» gibt. Die moralisch motivierte Korrektur des Schreibens erzeugt somit das Unrecht, auf das reagiert werden muss.

Nun ändert sich aber in der Tat etwas, wenn man die Intension von «Chirurg*in» so bestimmt, dass es sich dabei um Menschen handelt, die über spezifische medizinische Fähigkeiten verfügen *und* sich überdies durch eine wie auch immer zu bestimmende Geschlechtlichkeit auszeichnen. Dieses variable Merkmal wird aus der Extension von «Chirurg» in die Intension verpflanzt. Diese Transplantation wird vollzogen, um mit jeder Bezugnahme auf Personen daran zu erinnern, dass das Geschlecht einen Anknüpfungspunkt für soziale Ungleichheiten innerhalb der betreffenden Gruppe darstellt.[11] Die Hervorhebung kann diese zwar nicht aufheben, sondern bloß an sie soziale Funktion des Geschlechts erinnern und ihr symbolisch – durch die intensionale Gleichstellung – entgegenwirken. Der Semantik des Ausdrucks wird damit der pragmatische Zweck eines erhobenen Zeigefingers hinzugefügt. Das Schreiben wird damit unabhängig von seinem Thema zu einem institutionalisierten *ceterum censeo*.

Offen bleibt allerdings, ob angesichts der sozialen Signifikanz der betreffenden Haltungen einem «Rassieren» oder «Nationalisieren» nicht die ähnliche Funktion der symboli-

---

[11] Siehe dazu Sally Haslanger, *Resisting Reality: Social Construction and Social Critique*, Oxford 2012, 230.

schen Aufhebung zufallen sollte. Ist das Gendern, für das sich vornehmlich weiße Frauen einsetzen, etwa unbewusst rassistisch? Überdies stellt sich, wenn dem Gendern schon die Funktion eines *ceterum censeo* zufällt, die Frage, weshalb es nicht auf Personalpronomen ausgedehnt wird. Zur Extension von «ich» gehören alle, die selbstreflexiv auf sich hinweisen. Man könnte den Umstand, dass alle, die in einem Selbstverhältnis stehen, sich auch unter geschlechtlichem Vorzeichen begreifen und durch die Verwendung des Signifikanten «i*» hervorheben. I* könnte durch dessen Verwendung nicht nur signalisieren, dass i* ein Wesen «mit Geschlecht» bin, sondern auch daran erinnern, dass i* jederzeit ein anderes Geschlecht haben könnte als das, das i* mir zufällig zuschreibe, weil es mir von der «heterosexuellen Matrix» oktroyiert worden ist. Durch die Verwendung von «I*» könnte i* in der Form des *ceterum censeo* signalisieren, dass das Geschlecht ohnedies nur eine kontingente Festlegung oder gar ein Vorurteil ist.

Man mag einwerfen, im Fall der männlich denotierten geistigen Bilder sei deren Auftreten ein Ausdruck eines kulturellen Habitus, der die Missachtung von Frauen impliziert. Die Anerkennung wird nicht aktiv von uns vollzogen, sondern vollzieht sich durch uns hindurch, indem wir passiv sind. Wir erleiden und verkennen das Anerkennen. Aber auch das stimmt nicht, wenn man bedenkt, was der diese einseitige Anerkennung korrigierende «gendernde» Akt vollzieht. Er bringt das Bild zum Verschwinden.

Durch das Gendern wird die Schaffung von Sichtbarkeit intellektualisiert. Was man sieht, indem man auf das Sternchen blickt, sind nicht Frauen, sondern den Ausdruck für die Anerkennung von Frauen. Sehen Sie, Les*, Männer, Frauen, Transgenderpersonen und Intersexuelle, wenn von «Chirurg-

Innen», «Chirurg_innen» oder Chirurg*innen» die Rede ist? Ich sehe niemanden. Ich nehme das Gendern wahr und begreife das, was mit «Chirurg» schon immer gemeint war.

Das Gendern ist selbstreferentiell. Es macht das Sichtbarmachen sichtbar, nicht das Sichtbarzumachende. Wenn ich «Chirurg*innen» lese, dann sehe ich keine Transgenderpersonen – und das nicht nur deswegen, weil ich kein Stereotyp dafür «im Kopf» habe, denn ich sehe auch weder Männer noch Frauen. Ich sehe das Sternchen.

Daran wird deutlich, dass sich gezielte Akte des Anerkennens nicht beiläufig vollziehen lassen. Sie weisen auf sich selbst hin. Sie mögen routinisiert sein, aber sie sind selbstreferenziell und müssen dies sein, weil sie Haltungsbekundungen sind («Sieh her, ich anerkenne jetzt!»).

Damit gelangen wir zu einem erstaunlichen Zwischenergebnis. Das Gendern versachlicht. Die Inklusion schließt das Geschlecht aus der Bilderwelt aus. Das ist eine großartige Leistung, auch wenn sie eine Fehlleistung ist. Denn ironischerweise vollzieht das Gendern auf der Ebene der Bilder genau das, was das generische Maskulinum schon immer semantisch leisten wollte.

Die um Anerkennung ergänzte Semantik kommt einem Bildersturm gleich. Sie ist selbstbezüglich und ikonoklastisch. Sie ist «rein».

Wenn es um die Herstellung von «Sichtbarkeit» geht, dann erweisen sich aber die soft law Standards des Genderns als irrational. Sie erreichen ihr Ziel nicht. Irrationales Recht widerspricht dem Ethos einer freien Gesellschaft. Es ist freien Menschen nicht zuzumuten, Einschränkungen ihrer Freiheit in Kauf zu nehmen, wenn diese in keinem plausiblen Zusammenhang mit der Erreichung eines öffentlichen Interesses stehen. Da soft law nicht verbindlich, sondern bloß beachtlich ist, ist es in diesem Fall also unbeachtlich und daher so gut wie nichtig.[12]

Diese Schlussfolgerung ließe sich vermeiden, wenn man dem Gendern einen anderen legitimen Zweck unterstellt, zu dessen Realisierung es irgendwie beiträgt. Dieser Zweck mag nicht in der Herstellung von Sichtbarkeit, sondern in der Praxis des Sichtbarmachens selbst liegen. Die Aktivität würde zählen und nicht das Resultat.[13] Das Sternchen fungierte somit wie ein zweiter Scheinwerfer, der auf den ersten Scheinwerfer gerichtet ist, der etwas sichtbar machen sollte, was aber misslingt, weil alle Augen wegen des zweiten auf diesen selbst gerichtet sind. Der Blick fällt auf das Sternchen. Es ginge um eine – zugegeben – eher selbstgefällige moralische Praxis, die darin besteht, ostentativ Respekt zu bezeugen («Schau her, ich mache sichtbar»).

Andere zu einer ostentativen Respektbezeugung anzuhalten, wenn auch bloß durch soft law und den ihm eigentüm-

---

[12] In der Diskussion einer früheren Version dieses Textes haben Lilo Martini und Ulrich Wagrandl eingewandt, dass ich die Logik der Verhältnismäßigkeit, die für hoheitliche Eingriffe entwickelt worden ist, auf das soft law übertrage. Der Grund besteht darin, dass das soft law von Organisationen verwendet wird, um Regulierungsaufgaben mit den Mitteln von sozialem Druck zu bewältigen. Siehe Armin Schäfer, Resolving Deadlock: Why International Organizations Introduce Soft-Law, in: *European Law Journal* 12 (2006) 194–208. Im Fall des moralischen Drucks, der entsteht, sobald sich andere selbstgerecht einer gegenderten Orthographie bedienen oder deren Verwendung in den Richtlinien einer Organisation empfohlen werden, scheint mir die Ausdehnung der Gedankenwelt der Verhältnismäßigkeit sachlich angemessen zu sein.
[13] Siehe dazu auch die nuancierten Überlegungen von Judith Froese, Sprache und Inklusion: Risiken, Chance und Nebenwirkungen der Sprache als Mittel und Objekt der Inklusion, in: *Recht der Jugend und des Bildungswesens* 65 (2017) 192–200.

lichen Sanktionen des Beschämens oder Ausgrenzens, wirft aus liberaler Sicht ein spätestens seit Kant und Humboldt[14] diskutiertes Problem auf. Wenn der Wert einer Handlung davon abhängt, dass sie mit innerer Überzeugung ausgeführt wird, dann ist die Ausführung aufgrund von Furcht vor sozialer Missbilligung kein Weg, sie auszuführen. Sie misslingt.

Es gibt Handlungen, die wertvoll sind, auch wenn sie nicht aus «innerer Überzeugung» ausgeführt werden. Dazu gehört die Befolgung aller rechtlichen Gebote und Verbote. Gesten der Freundschaft und der Liebe hingegen wären von zweifelhaftem Wert, wenn sie aus bloßer Furcht vor Missbilligung gesetzt würden. Denn der Wert solcher Handlungen beruht darauf, von ganzem Herzen gesetzt zu werden. Wenn man den alten liberalen Einwand gegen das staatliche Erzwingen von Handlungen recht versteht, dann beruht er darauf, dass sich moralisch gute Handlungen insofern nicht erzwingen *lassen*, als sie, wenn man sie erzwänge, ihren Wert und damit ihre Eigenschaft, gute Handlungen zu sein, verlieren würden. Nun kann der Wert einer Handlung auf die Beachtung von Konvention beschränkt sein und offen gelassen werden, ob sie aus genuinem Respekt vor den anderen oder aus Furcht vor sozialer Missbilligung gesetzt oder gar geheuchelt wird. Bei der Höflichkeit ist das der Fall. Ob eine höfliche Geste ernst gemeint ist oder nicht, ist unerheblich. Das soziale Erfolgsgeheimnis der Höflichkeit besteht darin, auch die geheuchelte Freundlichkeit als höflich gelten zu lassen. Deswegen ist die Beachtung von Höflichkeitsregeln zugleich wichtig wie be-

---

[14] Siehe bloß Wilhelm von Humboldt, *Ideen zu einem Versuch, die Grenzen der Wirksamkeit des Staats zu bestimmen*, Stuttgart 1967, 112–113.

deutungslos. Daraus erklärt sich auch, warum es so wichtig ist, *wenigstens* höflich zu sein.

Zudem ist die bloß «äußere» Befolgung einer Konvention im Fall der Höflichkeit mit einer diffusen gemeinschaftlichen Autorität verbunden. Die Standards beruhen auf Gewohnheiten, die sich unbeabsichtigt einspielen und verändern. Sich einer solchen diffusen Autorität zu beugen ist nicht so bedrückend wie die Botsamkeit gegenüber einer äußeren Vorgabe, zumal man an deren Aufrechterhaltung partizipiert und sie genügend Freiraum zur individuellen Ausfüllung lässt. Es besteht eine Symmetrie zwischen der Unbestimmtheit der Autorität und der Unbestimmtheit des Befolgungsmodus.

Die Standards des Genderns wollen aber ihrem eigenen Anspruch nach nicht bloß Konventionen des höflichen Verhaltens etablieren. Wenn der Sinn des Gendersymbols in dem performativen Akt des Sichtbarmachens besteht, dann würde die bloß äußerliche Observanz offenlassen, ob dieser Akt wirklich vollzogen oder nicht bloß gespielt wird.

Höflichkeit lässt sich nicht spielen, weil immer offen ist, ob sie auch wirklich ernst ist. Darin besteht ihr Erfolgsgeheimnis. Anerkennung lässt sich spielen. Aber ein bloß gespielter Akt der Anerkennung ist keiner.[15]

Das ist aber nicht der einzige Einwand, der sich gegen die äußere Vorgabe ostentativer Respektbekundungen erheben

---

[15] Vom Akt des Anerkennens ist die Anerkennung eines Status zu unterscheiden, den man genießt, ohne dass er durch eine permanente Verbeugung bestätigt wird. Der Status des Rechtssubjekts ist ein Beispiel dafür. Siehe Stephen Darwall, Why Fichte's Second-Personal Foundations Can Provide a More Adequate Account of the Relation of Right than Kant's, in: *Grazer Philosophische Studien* 90 (2014) 5–20.

lässt. Das gendergerechte Schreiben ist immer noch ethno-ungerecht.

Texte lesen sich im Idealfall so, als wären sie von Menschen geschrieben worden, die dafür ihre Muttersprache verwenden. Um diese Erfahrung des inneren Hörens mit dem inneren Sehen zu vergleichen, verhält es sich zumindest in meinem Falle so, dass die Stimme, die beim Lesen zu mir spricht, akzentfreies Deutsch spricht. Damit verdeckt das Lesen des Texts die in unseren Gesellschaften lebende wachsende Anzahl von Menschen, die Deutsch nicht als Muttersprache, sondern als Fremdsprache gebrauchen. Sich in der Fremdsprache verständlich zu machen, ist nicht einfach. Die Menschen erbringen dabei beachtliche Leistungen. Aber beim Akt des Lesens kommen sie nicht vor.

Daher stellt sich die Frage, ob es nicht im Sinne der Herstellung größerer Ethnogerechtigkeit geboten wäre, äquivalente Maßnahmen zur Sprachkorrektur wie beim Gendern zu ergreifen. Wir könnten unser Schreiben ebenso wohl auch «ethnen» wollen.

Über die Methode des gerechten Ethnens könnte man lange tiefsinnig werden. Eine naheliegende Lösung wäre die weitestgehende Suspension von Rechtschreib-, Grammatik- und Beistrichregeln. Aber das würde umgekehrt den Eindruck erwecken, man gehe stereotypisch davon aus, dass Fremde kein gutes Deutsch schreiben können. Es müsste eine andere, nicht herablassende Symbolik gefunden werden, um die Menschen mit anderer Muttersprache auf der Ebene eines Textes sichtbar zu machen.[16]

Das Deutsche kennt keine Akzente mehr. Man könnte sie wieder einführen, um die Akzeptanz der Präsenz der Fremden

---

[16] Für ein analoges Beispiel zum dritten, unbestimmten Geschlecht, siehe Pollatschek, oben Anm. 5, 205.

zu signalisieren, etwa in dem man jeden zweiten Vokal mit einem beliebigen Akzent versieht und jedes zweite «n» mit «~». Die geschríebène Spráche würdé dañ ùngefähr só aussêhen. Ñicht so schlècht, odèr?

Man mag den Vorschlag des «Ethnèns» für einen schlechten Scherz halten. Das ist er auch. Vor allem Menschen, die nicht Deutsch als Muttersprache haben, könnten ihn für entwürdigend halten, weil sie aufgrund von etwas, das sie selbst als einen Makel empfinden mögen, allgemein anerkannt würden. Mit jedem Wort würden sie an eine Besonderheit erinnert, auf die sie gar nicht stolz sind. Ich erinnere mich noch gut daran, dass es mich nach Jahren des Lebens in den USA enervierte, wenn mich Menschen in Iowa City fragten, woher ich denn sei. Mitunter war ich so genervt, dass ich antwortete, ich sei aus Iowa City, hätte aber durch einen langen Auslandsaufenthalt einen fremden Akzent erworben. Ist es moralisch gut, etwas, das vielleicht mehrheitlich als abweichend empfunden wird, herauszustreichen, um es mit Anerkennung zu beglücken?[17] Vielleicht stehen die Menschen ihrer Eigenschaft ambivalent gegenüber und wollen sie als privat behandelt wissen oder gar nicht thematisiert haben. Vielleicht wollen sie etwas einfach verschwiegen haben. Wer sich über «Lookism» beschwert, muss öffentlich einbekennen, nicht gut auszusehen. Das ist ein hoher Preis. Die Selbstaufwertung ist nur auf dem Umweg einer Abwertung zu haben.

Der moralische Vorzug eines ethnogerechten Schreibens dürfte somit nicht auf der Hand liegen. Es wäre so, als ob wir Menschen gegen soziale Abwertung schützten, indem wir manchen Worten ein Aufwertungssternchen voranstellten. Wir könnten auf die Idee verfallen, als Zeichen der Solidarität

---

[17] Die Briten, berichtet Pollatschek, erachten deswegen das deutsche Gendern als sexistisch. Siehe oben Anm. 5, 187–188, 190.

unsere Anerkennung von «*Asylwerber*innen» auf diese Weise zum Ausdruck zu bringen. Aber solche Aufwertungen wären fragwürdig, weil eine sozial in Schwebe gehaltene Abwertung als ein positives soziales Faktum behauptet werden müsste, damit gegen sie mit der Macht der Sternchen angekämpft werden könnte.

Offenbar ist es nicht ganz einfach, Sprachmaßnahmen zu finden, welche die Inklusion verbürgen, ohne unendlichen Verbesserungsbedarf hervorzurufen. Die kumulative Nennung der weiblichen und der männlichen Form ist mühsam und gilt schon längst als obsolet. Origineller und auffälliger ist es, die Inklusion der Geschlechter durch die Trennung der Worte zu signalisieren, weil dadurch der Unterschied noch einmal hervorgehoben wird. Die demonstrative Intervention in die Zeichenkette will den Vorhang des Patriarchats lüpfen, um hinter der vorgeblich geschlechtsneutralen Sprache die marginalisierten Frauen sichtbar zu machen, als ob die Sprache büßen müsste für das Unrecht, das jahrhundertelang über nicht-männliche Geschlechter verhängt worden ist.

Aber mittlerweile sind Unterstreichung «_», der Querstrich «/» und das Binnen-I durch das Sternchen «*» abgelöst worden, damit die Inklusion auf Personen erweitert werden kann, die sich nicht eindeutig einem Geschlecht zuordnen lassen. Daran zeigt sich, dass der Zweck der Inklusion wohl darin besteht, nicht nur alle, die da sind, sichtbar zu machen, sondern sehen zu lassen, inwiefern sie etwas anderes sind. Die anderen sind ganz Bestimmte und etwas Besonderes, wenn auch im Hinblick auf eine spezifische Angelegenheit wie das Geschlecht. Auch deswegen kann Inklusion schon lange nicht mehr auf das generische Maskulinum vertrauen. Das Besondere verweigert sich der Synthesis, die, wenn sie pars pro toto nähme, nur wieder ein Besonderes hervorbrächte. Das Allgemeine ist durch die Addition des Besonderen herzustellen. Es ist nur als Aggregation zu haben.[18] Deswegen öffnet das Gendern die Sprache systematisch für den Einbezug weiterer Besonderheiten, etwa im Fall der «diversen» Personen. Aber auch die Schaffung der Residualkategorie «diverser» Personen muss Stirnrunzeln hervorrufen. Sie ist wahrscheinlich nicht grobkörnig genug, um die Vielfalt der Geschlechtlichkeiten sichtbar zu machen.

Am Zwang zur Permutation und zur Perfektion manifestiert sich, dass es sich beim Gendern um eine affektiv stark besetzte Angelegenheit handelt. Den sprachlichen Medien, die für Inhalte durchsichtig sein sollten,[19] wird zugemutet, für den propositionalen Gehalt des Schreibens irrelevante inklusive Botschaften zu transportieren. Diese werden damit nicht bloß zur Botschaft, sondern vollziehen auch die Inklusion in der indirekten Form des Sichtbarmachens. Das Schreiben avanciert damit zu einem essentiellen Beitrag zur Inklusionspraxis

---

[18] Siehe dazu die Überlegungen bei Andreas Reckwitz, *Die Gesellschaft der Singularitäten: Zum Strukturwandel der Moderne*, Berlin 2017, 48–55.

[19] Siehe Judith Jarvis Thomson, *The Realm of Rights* (Cambridge, Mass.: Harvard University Press, 1990) 3 Fn. 1: «Until very recently it seemed to me that those who object to the use of the masculine 'he' to refer to a person chosen at random were merely being tiresome. Not so now. One the other hand, 'she' is not better. Indeed, it is in two ways worse. In the first place, prose should be transparent, like a pane of glass through which one sees the thoughts behind it: the use of 'she' for these purposes is like a smudge on the pane—it captures the attention. In the second place, those who now use 'she' in this way are making a moral point in doing so, a moral point I think entirely right; but it is annoying to have the moral point introduced (with the back of the hand, as it were) into matters it has no connection with—one feels nagged.»

der Gesellschaft. Wer beim Schreiben «gendert», der kann sich in der Gewissheit wiegen, zur Verbesserung der Welt einen bescheidenen Beitrag geleistet zu haben.

Und dennoch ist dieser Beitrag seltsam. Als politische Praxis ist das Gendern so einsam und individualistisch wie der Verzicht auf den Achtzylinder, der Verzehr eines veganen Schnitzels oder die Eisenbahnfahrt. In allen diesen Fällen handelt es sich um private Formen der Politik, die keine Kooperation einschließen. Sie sind demonstrativ und ostentativ. Sie sind interessant, weil sie zur Haltungsbekundung taugen und diese zur Praxis erheben. Sie ersetzt das Getöse des politischen Zusammenraufens durch die innere Stimme der Moral. Jeder bekundet seine Haltung für sich und vor anderen. Dies funktioniert auch dann, wenn uns zum kommunikativen Handeln die Geduld und die Zeit fehlen. Es ist dies die Politik für Privatpersonen, die sich mit dem befasst, was Menschen als Privatpersonen sind, nämlich geschlechtliche Wesen.

Auch wenn, worauf noch zurückzukommen sein wird, die Rückkehr zum generischen Maskulinum problematisch wäre, weil durch das Gendern das Schreiben schon seine Unschuld verloren hat, verschwindet nicht sein quälender Charakter. Thomson hat richtig benannt, dass es ärgerlich ist, wenn permanent eine moralische Botschaft transportiert wird, obwohl der Text eine solche nicht zum Thema hat. Es «fühlt» sich falsch an, vor allem dann, wenn man umzuformulieren beginnt, um die Wahl der männlichen oder der weiblichen Form zu vermeiden; wenn man den Querstrich einsetzt und sich über den durch ihn symbolisierten moralischen Zeigefinger ärgert oder sich durch das * in die Volksschulzeit zurückversetzt sieht, in welcher dieses Symbol der öffentlich vergebene Lohn für Bravheit war. Das Gendern fühlt sich insbesondere dann falsch an, wenn von der Universitätsadministration detaillierte «Empfehlungen» ausgesandt werden, in denen unter anderem für den Umgang mit Transgender-Personen Vorschläge gemacht werden, mit denen die ganze humorlose Angelegenheit[20] sich unfreiwillig selbst zu parodieren beginnt. Es ist die Frage, ob Menschen es sich gefallen lassen müssen, als Clowns zu fungieren, um diese Parodie aufzuführen. In der Tat ist man an Ernst Jandl erinnert, wenn die bürokratische Elite dem akademischen Personal zur Inklusion aller Geschlechter vorschlägt, Personen im Schriftverkehr mit «Lieb* Studierend*» anzusprechen.[21]

Damit stellt sich die Frage nach der Normativität des Genderns, also danach, was ihm seine eigentümlich nötigende Autorität verleiht.

Woher kommt dieser Drang?

Nun sind die Standards des Genderns, die von Institutionen wie Universitäten empfohlen werden, gewiss das Ergebnis eines Austausches und der Abstimmung zwischen Menschen, die für diese Angelegenheit Expertise beanspruchen. Austausch und Abstimmung finden wohl in einem transnationalen Kontext statt. Insofern ist das soft law des Genderns ein Phänomen der Normgenese jenseits des Nationalstaats.

Nun rekurrieren nationale Administratoren in einem internationalen Kontext – sei es innerhalb oder außerhalb

---

[20] Zur Humorlosigkeit siehe Slavoj Žižek, Ihr verteidigt auch nur eure Privilegien, in: *Neue Zürcher Zeitung* 31.5.2017.
[21] https://personalwesen.univie.ac.at/fileadmin/user_upload/d personalwesen/Gleichstellung/Dokumente/Geschlechterinklusiver_Sprachgebrauch_in_der_Administration_der_Universitaet_Wien.pdf, S. 3 (zuletzt besucht am 28.12.2020). Die Ernsthaftigkeit dieser Empfehlung wird dadurch unterstrichen, dass ich in einer E-Mail seitens der Universität Wien vom 1.1.2021 wie folgt angesprochen werde: «Sehr geehrt* Univ.-Prof. Dr. Alexander Somek».

internationaler Organisationen – dann auf soft law, wenn die Kompetenzen zur Rechtsetzung fehlen. Nationale Verwaltungen befolgen solche Standards, um Kooperations- und Innovationsbereitschaft zu signalisieren. Wer das soft law ignoriert, der schadet seinem Ansehen.[22]

Aber dieser interadministrative «peer pressure» reicht nicht aus, um die interne Dynamik des Genderns zu erklären. Ginge es bloß darum, den gleichgeordneten Stellen jenseits der Grenze zu demonstrieren, dass man ebenfalls modern sei und Empfehlungen zum Gendern erlässt, würde die Nötigung dazu wohl kaum bei den Adressaten ankommen. Was das Gendern für das soft law so interessant macht, ist der Umstand, dass es sozial polarisiert. Es wird einerseits begeistert angenommen und stößt andererseits auf massive Ablehnung bei denen, die es als Sprachzerstörung anprangern. Zwischen diesen beiden Gruppen stehen in der Mitte jene, die, wie die «Autor*in» dieses Textes, sich gegen das Gendern innerlich auflehnen, die Revolte aber vermeiden, um sich selbst nicht des gender bias verdächtigen zu müssen oder zur leichten Beute für liberale Moralisten zu werden. Wenn man die Mitte und die beiden Pole zusammennimmt, dann ergibt sich insgesamt das Bild einer Praxis, die so freiwillig wie unfreiwillig und so entschlossen wie widerstrebend ist. Die Kraft, die dieses soft law umsetzt, kommt nicht allein «von oben». Sie kommt durchaus auch «von unten».

Diese Kraft manifestiert sich in einer privaten politischen Praxis, die meint, durch die Einfügung eines Binnen-I[23] oder eines Sternchens die Welt verändern zu können, und die glaubt, die Veränderung der Welt bedürfe keiner Kooperation,

---

[22] Siehe näher Schäfer, oben Anm. 12.

[23] Es ist laut der Empfehlung der Universität Wien übrigens schon nicht mehr gendergerecht. Als Jurist ist man geneigt zu fragen, wer das eigentlich bestimmt.

sondern bloß wiederholter und konformistischer («solidarischer») Haltungsbekundungen. Wäre das Gendern an einem verfassungsrechtlichen Rationalitätsmaßstab zu messen, müsste man feststellen, dass es gewiss geeignetere Mittel gäbe, die Stellung von Frauen zu verbessern (etwa Gehaltserhöhungen oder bessere Anreize für Männer zur Familienarbeit). Und es ist ärgerlich, wenn Institutionen sich die Kompetenz anmaßen, die moralische Signifikanz von Zeichenverwendungen zu erkennen. Das zeugt nicht nur von einem verarmten Sprachverständnis, weil es der Sprache eine größere Regelhaftigkeit und Eindeutigkeit zuschreibt, als ihr zukommen kann,[24] es nimmt moralisches Sittenwächtertum in Anspruch und maßt sich eine epistemische und moralische Kompetenz an, die letztlich niemand haben kann.

Womit ist man also konfrontiert, wenn es trotz der inhärenten Fragwürdigkeit immer weitergeht und die Nötigung nicht nachlässt, sondern zunimmt?

Hier wird der Vorschlag unterbreitet, das Gendern in Analogie zu einem nervösen Symptom zu deuten. Genauer betrachtet ist es im Lichte der Funktion einer Zwangsneurose zu begreifen.[25] Diese Analogie stützt sich auf elementare Ideen Sigmund Freuds.

---

[24] Siehe Donald Davidson, Communication and Convention, in: ders., *Inquiries into Truth and Interpretation*, Oxford 1982.

[25] Astrid Mayer hat mich darauf aufmerksam gemacht, dass der Rekurs auf diese Kategorien der Freudschen Psychoanalyse angesichts der vielfältigen Entwicklung der modernen Psychotherapie antiquiert anmuten muss. Auch werden die nachstehenden Überlegungen wohl nicht genau auf das passen, was gegenwärtig im psychiatrischen Kontext unter einer Zwangsstörung verstanden wird. Siehe dazu P. Zwanzger – F. Schneider, Zwangsstörungen (F 42), in: *Facharztwissen Psychiatrie, Psychosomatik und Psychotherapie*, hrsg. v. F. Schneider, Berlin – Heidel-

In seinen Vorlesungen charakterisiert Freud die Zwangsneurose wie folgt:

> Die Zwangsneurose äußert sich darin, dass die Kranken von Gedanken beschäftigt werden, für die sie sich eigentlich nicht interessieren, Impulse verspüren, die ihnen sehr fremdartig vorkommen, und zu Handlungen veranlasst werden, deren Ausführung ihnen zwar kein Vergnügen bereitet, deren Unterlassung ihnen aber ganz unmöglich ist.[26]

Und in einer Arbeit über Zwangsneurose und Religion erwägt Freud Folgendes:

> [Man könnte] sich getrauen, die Zwangsneurose als pathologisches Gegenstück zur Religionsbildung aufzufassen, die Neurose als eine individuelle Religiosität, die Religion als eine universelle Zwangsneurose zu bezeichnen. Die wesentliche Übereinstimmung läge in dem zugrunde liegenden Verzicht auf die Betätigung von konstitutionell gegebenen Trieben; der entscheidendste Unterschied liegt in der Natur dieser Triebe, die bei der Neurose ausschließlich sexueller, bei der Religion egoistischer Herkunft sind.[27]

---

berg 2017, 379–385; Nils Spitzer, *Ungewissheitsintoleranz und die psychischen Folgen*, Berlin – Heidelberg 2019. Das gestehe ich bereitwillig zu. Dennoch möchte ich den Vorzug nutzen, den die Freudsche Psychoanalyse bietet, das Studium des individuellen psychischen Geschehens für die Deutung sozialer psychodynamischer Prozesse fruchtbar zu machen. Ich hoffe, dass zu diesem heuristischen Zweck der Rekurs auf diesen Teilaspekt von Freuds Schriften noch als legitim erscheint. Die Psychoanalyse ist im Symptomverständnis («Kompromissbildung») durchaus noch an Freud orientiert. Siehe Stavros Mentzos, *Lehrbuch der Psychodynamik: Die Funktion der Dysfunktionalität psychischer Störungen*, Göttingen 2015, 102–103.

[26] Sigmund Freud, *Vorlesungen zur Einführung in die Psychoanalyse*, 13. Aufl. Frankfurt/Main 2004, 247.

[27] Sigmund Freud, Zwangshandlungen und Religionsübungen (1907), in: *Studienausgabe*, hrsg. v. A. Mitscherlich et al., Bd. 7, Frankfurt/Main 1982, 11–21, hier: 21.

Zwangsneurotikern ist unwohl, weil der Zwang sie nicht nur nicht in Ruhe lässt, sondern weil er einer immer weiteren Perfektionierung und pedantischen Nachjustierung bedarf (siehe Verabschiedung des Binnen-I). Die Ausführung bereitet kein Vergnügen, aber die Unterlassung ist unmöglich. Das Unwohlsein wird in Kauf genommen, um etwas Gutes zu erreichen. Das ist damit verbunden, dass nach Freud Symptome – wie die Zwangshandlungen – Formen der Kompromissbildung sind. Sie vermitteln zwischen einer Triebregung und ihrer Unterdrückung.[28] Diese Triebregung mag, wie im Fall der Sexualneurose, ein sexuelles Begehren sein oder aber, wie im Fall der religiösen Zwangshandlungen, das eigene Interesse.

Die Form der Zwangsneurose ist heuristisch hilfreich bei der Deutung des Genderns. Aus der Sicht einer gendernden Gesellschaft ist es unmöglich, auf das Gendern zu verzichten, weil ohne das Gendern eine gendergerechte Gesellschaft unerreichbar bliebe. Die Kritik daran ist so gut wie tabu, es sei denn sie kommt von jenen Gruppen, von denen man ohnedies nichts Gutes erwartet. Schön ist das Gendern freilich nicht und Spaß macht es auch den Wenigsten. Die Nötigung zum Gendern entspringt einem Zwang, der einen Konflikt «löst», der in «spätmodernen» Gesellschaften endemisch ist. Es ist dies der Konflikt zwischen dem Narzissmus der Erfolgreichen und deren Bekenntnis zur Gleichheit aller Menschen.

Unsere sozialen Verhältnisse sind solche der Ungleichheit. Aus dem Ungleichsein beziehen wir unseren Status und damit die Anerkennung, auf die es uns ankommt.[29] Damit befriedigt sich der alte Rousseausche *amour propre*, der insofern ganz

---

[28] Siehe oben Anm. 18, 342–343.
[29] Wenn etwas von der bedeutenden Arbeit von Reckwitz, oben Anm. 18, 282, 366, wieder einmal klargestellt worden ist, dann ist es dies.

narzisstisch ist, als die Lust am eigenen Ich sich daraus nährt, «größer als», «besser als», «schöner als» oder «erfolgreicher als» andere zu sein. Diesen Narzissmus können heutzutage vor allem die erfolgreichen Angehörigen der akademischen Mittelklasse ausleben. Sie existieren in kulturell konstituierter und durch Karriere ermöglichter Distanz von der Unterklasse und der alten «nivellierten» Mittelklasse. Deren Lebensformen und Sorgen kommen im Universum des neuen Bürgertums entweder nicht vor oder unterliegen der Abwertung als vulgär, «retro», primitiv oder proletenhaft.

Aber ein solches Abwerten darf eigentlich nicht sein. Denn wir sind doch alle gleich und verdienen alle den gleichen Respekt. Die neue akademische Mittelklasse ist hin- und hergerissen zwischen dem ihr eigentümlichen Pathos der Distanz und der moralisch artigen Anerkennung der anderen – aller Menschen – als Gleiche. Wie können die Angehörigen dieser Klasse die soziale Höherstellung und die gleiche Wertschätzung zugleich haben? Sie können dies durch Symptombildung.

Symptome lösen Probleme, indem sie diese nicht lösen.[30] Sie sind kompromisshafte Arrangements, in denen etwas Lustvolles verschoben zugelassen und gleichzeitig vermiest wird.[31] Das Gendern verbietet das Ignorieren und Abwerten derer, die sich als anders zu erkennen geben. Im Gegenteil, sie müssen in ihrer Besonderheit sichtbar gemacht werden, sobald sie sich erkennbar gemacht haben. Darin liegt der Verbotsaspekt. Aber das Gendern verbietet dies nur in einem

---

[30] Siehe oben Anm. 18. 344. Siehe auch Charles Brenner, *Elemente des seelischen Konflikts: Theorien und Praxis der modernen Psychoanalyse*, dt. Frankfurt/Main 1994.

[31] In diesem Sinne notiert Freud in «Totem und Tabu», in: *Studienausgabe*, oben Anm. 27, Bd. 7, 287–444, hier: 342: «Die Zwangshandlung ist *angeblich* ein Schutz gegen die verbotene Handlung; wir möchten aber sagen, sie ist *eigentlich* die Wiederholung des Verbotenen».

beschränkten Bereich. Denn gleichzeitig darf, wer gendert, die Unterklasse weiterhin ignorieren und sich insgeheim oder offen über ihren Bildungsmangel oder Rechtsradikalismus mokieren; wer gendert, darf Menschen mild belächeln, die «am Land» leben oder in All-Inclusive Clubs Urlaub machen. Der Konflikt zwischen der gleichen Wertschätzung und der blond-bestialischen Freude an der eigenen Vornehmheit wird nicht wirklich gelöst, denn gelöst wird er bloß auf der Ebene des Symptoms. Durch den isolierenden Fokus aufs Geschlecht werden die Klassengegensätze zum Verschwinden gebracht.[32] Sie spielen keine Rolle. Das Abwerten wird aufgeschoben und nach außen verschoben. Es bleibt erlaubt, darf aber nur ja nicht beim Gendern passieren, bei dem besonders darauf zu achten ist, jegliche Abwertung zu vermeiden. In Kauf nehmen muss man deswegen das zwänglerische Perfektionieren der gendernden Symbolik. Die gendernden Subjekte gelangen insofern sogar zu ihrem Selbstgenuss, als ihre narzisstische Ich-Libido dadurch Befriedigung findet, dass sie sich auf die Schulter klopfen können, besonders gewissenhaft zu sein.[33]

Verbunden ist das Gendern wohl mit der Furcht, dass, wenn man es unterließe, etwas Schreckliches passieren würde. Es handelt sich dabei wohl um die Antizipation eines dumpf gefühlten Unheils. Durch das Gendern kommt es nicht zur Revolte, wie sie kulturindustriell zuletzt im Film «Joker» beschworen worden ist, der zeigt, wie die Armen gegen die Reichen zu den Waffen greifen.

Auf Ängste dieser Art reagiert der Zwang zum Gendern mit einer ritualistischen Vorkehrung oder, vielleicht besser ausgedrückt, mit einem Gebet, das man mit jeder Äußerung

---

[32] Siehe dazu schon Walter Benn Michaels, *The Trouble with Diversity: How We Learned to Love Identity and Ignore Inequality*, New York 2006.
[33] Siehe dazu Robert Pfaller, *Die Illusionen der Anderen: Über das Lustprinzip in der Kultur*, Frankfurt/Main 2002, 234–235.

mitspricht. Der latente Glaube an die unheilsvermeidende und potentiell heilsbringende Kraft des Genderns verleiht ihm eine geradezu an die Magie gemahnende Qualität. Es erweist sich damit als Bestandteil der Zivilreligion einer liberalen Gesellschaft, die sich zur Gleichheit bekennt, solange diese nichts kostet, keine Umverteilung einschließt und die Hierarchie der Arbeitsorganisation nicht antastet.

Die Betrachtungen könnten nun mit der Feststellung schließen, dass das Gendern krank sei. Aber das wäre eine recht billige Pointe. Sie ignorierte den heuristischen und analogen Charakter des Rekurses auf Zwangshandlungen. Dass wir allerdings an allerlei Orten der sozialen Welt von Symptomen einer materiell leerlaufenden Symbolpolitik umgeben sind, lässt sich nicht leugnen. Das Weltklima wird durch den ostentativen Konsumverzicht gerettet. Dasselbe gilt für die Achtung der Rechte der Tiere. Greta Thunberg überquert den Atlantik in einem Segelboot. Dass ein solches Tun nicht allgemeine Regel werden kann, bleibt außer Betracht. Den Armen gegenüber verhält man sich nicht roh und herablassend, sondern jovial und freundlich.[34] Während die soziale Ungleichheit steigt und effektive politische Gegenmaßnahmen aus Rücksicht auf den Wirtschaftsstandort unterbleiben müssen, erhöht sich auch die Aufmerksamkeit für die kleinen verächtlichen (etwa «rassisierten» – ja, auch das gibt es schon) Gesten.

So gesehen ist das Gendern ein Teil eines größeren nervösen Syndroms, das sich in Gesellschaften breit macht, denen es nicht gelingen will, über das Ende der Geschichte hinaus zu gelangen. Wie man sich ihm angemessen stellt, ist eine schwer

---

[34] Siehe dazu Benn Michaels, oben Anm. 32.

zu beantwortende Frage.³⁵ Denn natürlich hat das Gendern die Praxis unseres Schreibens schon so verändert, dass es zu unterlassen als Ablehnung von Gleichstellung und Ausdruck der Missachtung von Frauen und Minderheitsgeschlechtern gedeutet werden könnte. Das Gendern ist zwar eine unsinnige Zumutung, wer sich ihm aber gänzlich verweigert, gerät leicht in Verdacht, ein Reaktionär zu sein. Nun ist am Reaktionär-Sein vielleicht nichts auszusetzen, aber Verlegenheit befällt einen, wenn man es nicht sein will. Was ist also zu tun? Wie fügt man sich äußerlich der Hegemonie der progressiv liberalen Inklusionssymbolik³⁶ und begehrt dagegen zugleich mehr als bloß innerlich auf?

In typischen österreichischen Restaurants wird üblicherweise ein Dessert angeboten, das aus einem mit geriebenen Mandeln oder Nüssen angereicherten Schokoladensoufflé besteht, das mit Schokosauce übergossen und mit Schlagobers serviert wird. Der traditionelle Name für diese Süßigkeit lautet «Mohr im Hemd».

In der Tat findet sich in der Bezeichnung das Wort «Mohr». Die Verwendung dieses Wortes gilt als alles andere als schicklich, weil es von Menschen, die meinen, sich aufs Gutsein zu verstehen, als Ausdruck weißen Herrenmenschentums und einer verächtlichen Haltung gegenüber Menschen mit dunkler Hautfarbe angesehen wird. Ganz von der Hand zu weisen ist dies nicht. Als ich meinen afro-amerikanischen Freunden

---

³⁵ Pollatschek, oben Anm. 5, 201, berichtet von der Schwierigkeit und bekennt, das Gendern dort einzusetzen, wo sie besondere Verletzlichkeit vermutet, und es mitunter zu vermeiden, indem sie ins Englische ausweicht.
³⁶ Zur neoliberalen Linken siehe Alexander Somek, *Engineering Equality: An Essay on European Anti-discrimination Law,* Oxford 2011.

einmal erklären musste, worum es sich bei diesem Dessert handle, geriet ich in arge Verlegenheit ob des wenig sensiblen Umgangs meiner kontinentaleuropäischen Kultur mit Menschen dunkel pigmentierter Hautfarbe. Dass sie dennoch mit Genuss ihre «Mohren im Hemd» verspeisten, erteilte mir eine Lektion darüber, wie souverän man über die moralischen Untiefen eines Gastlandes hinwegsehen kann.

Dennoch sind Restaurants in der letzten Zeit unter Druck geraten, die Bezeichnung zu ändern, da sie «rassistisch» sei. Nun bin ich mir nicht so sehr im Klaren darüber, ob es sich bei der Verwendung des Begriffs «Mohr» im kulinarischen Kontext um Rassismus handelt. Wenn man sich hypothetisch vor Augen hielte, welchen Eindruck ein Grießpudding oder Topfentörtchen mit schwarzem Melassen-Überguss erweckte, wenn man es als «Weißen Mann im Frack» anböte, dann fiele mir an erster Stelle eher Kannibalismus als Rassismus ein. Wenn aber dieses Gericht in Lomé, Port-au-Prince oder Johannesburg als «White Man in a Cutaway» angeboten würde, dann stünde auch mir die Konnotation mit Rassismus vor Augen. Analog mag man den Verzehr von Schokoladenmohren in überwiegend von Weißen bewohnten Weltgegenden sehen.

Allerdings wird durch das moralische Urteil wie so oft auch hier das Schillernde unterdrückt, das den Reiz der Bezeichnungen ausmacht. Das Schlagobers gepaart mit der dunklen Schokoladensauce ähnelt dem Kontrast eines weißen Hemds auf dunkler Haut. Vielleicht spielt dieser Gegensatz auch mit der Vorstellung, dass unter der Oberfläche der Zivilisation (dem neutral schmeckenden Obers) die süße Lust (die nackte Haut) wartet. Welche verstohlenen Träume von einer genussvollen Sünde mit der Bezeichnung sich auch immer verbinden lassen mögen (vom Kannibalismus über den Rassismus bis zur Lust am exotischen Körper), es ist weder eindeutig noch manifest. Es steckt im Dessert in «sublimierter» Form, also durch Ablenkung des Sexual- oder Zerstörungstriebs vom eigentlichen Triebziel und dessen Umleitung auf «höhere kulturelle Ziele».[37] Die moralisch motivierte Vereindeutigung der mehrdeutigen Symbolik führt hingegen zu einer «Entsublimierung», welche die versteckte Lust bloß hervorholt, um sie zu bestrafen.[38] Sie verfährt in dem Glauben, dass das Böse sich eliminieren lasse und vernachlässigt somit die Einsicht der Psychoanalyse, dass auch das Üble sich am besten bändigen lässt, wenn es sublimiert und als verschobene Triebbefriedigung eine Quelle kultureller Freude wird.[39] Es muss dableiben, um weg zu sein.

Für die Produzenten von «Mohr im Hemd» sind der Tanz der Signifikanten und die Produktion von Vieldeutigkeit unerheblich. Sie mögen sich bloß darüber verwundern, warum man traditionelle Bezeichnungen nicht beibehält, auch wenn sie indizieren, dass man in der guten alten Zeit eben weniger zimperlich war als man es heute ist. Deswegen mag es sich begeben haben, dass dasselbe Restaurant, indem meine afroamerikanischen Freunde einst ihre Mohren im Hemd ver-

---

[37] Siehe Sigmund Freud, Die ‚kulturelle' Sexualmoral und die moderne Nervosität, in: *Studienausgabe*, oben Anm. 27, Bd. 9, 9–32, hier: 23.
[38] Zu beachten ist, dass Herbert Marcuse, bei dem ich den Begriff der Desublimation zuerst fand, diesen mit dem Adjektiv «repressiv» zur Beschreibung des Phänomens verwendet, dass die unterdrückten Triebe dazu befreit werden, um – etwa durch Freude am Konsum – eine repressive Gesellschaft zu affirmieren. Siehe *One-Dimensional Man: Studies in the Ideology of Advanced Industrial Society*, 2. Aufl. Boston 1991, 72, 75.
[39] Siehe – allerdings am Beispiel der Libido – Jonathan Lear, *Love and Its Place in Nature: A Philosophical Interpretation of Freudian Psychoanalysis*, 2. Aufl. New Haven 1998, 179.

zehrten, auf der Speisekarte die neue Bezeichnung für das Dessert in Anführungszeichen setzte. Das sah dann so aus:

…

«Schokoladenauflauf im Hemd»
mit Schokoladensauce & Schlagobers
…

Der österreichische Schauspieler Hanno Pöschl hat in einem in Wien betriebenen Restaurant einen ganz ähnlichen Weg eingeschlagen:

…

Hausgemachter «Othello» im Hemd
…

Dieser Umgang mit moralischer Sprachsäuberung ist an Genialität kaum zu überbieten. Durch ihn wird der Unmut am Umschreiben in der Umschrift erhalten. Die Umbenennung ist brav und schlimm zugleich und vollzieht somit nach, was in der Bezeichnung «Mohr im Hemd» immer schon geleistet worden ist, nämlich die kulturell aufgehobene und verstohlene Gratifikation einer kleinen Lust. Sie erhält damit in der Umschrift die Funktion der Urschrift, nicht zuletzt, indem sie an die Abwesenheit der Ausgangsbezeichnung erinnert. Sie hat die Moral überlistet.

In diesem Sinne, liebe «Leser*innen», lässt sich auch das Problem des Genderns zufriedenstellend lösen.

Die Moral unserer Zeit

· ⚹ ·

Unsere Moralvorstellungen haben sich verändert. Das betrifft nicht nur ihren Inhalt, sondern auch ihr Gehabe, die Art also, wie sie auftreten.

Mehr als je zuvor ist die Moral unserer Zeit sensibel für das Auftreten von Verletzungen und Leiden. Das geht so weit, dass allem, was als verletzbar und leidensfähig gilt, moralischer Status zugeschrieben wird, selbst wenn es nicht menschlich ist. Tiere haben unterdessen ihren festen Platz in der Moral bekommen. Was zwischenmenschliche Beziehungen angeht, hat die Moral ein Gespür für Formen des Leidens entwickelt, die auf symbolischer Distanzierung und mehr oder weniger subtiler Herabsetzung beruhen. Rassistische Sprüche, sexistische Bilder oder verächtliche Gesten werden zur Zielscheibe von Kritik und Ächtung. Die Aufmerksamkeit darauf versteht sich aus dem Bestreben, eine Gesellschaft zu schaffen, in der sich alle wohlfühlen, unabhängig davon, mit welcher ihre Identität bestimmenden Eigenschaft sie in die Gesellschaft eintreten.

Zumindest lässt sich diese Entwicklung für die Moral jener gebildeten Schichten feststellen, die gesellschaftlich den «moral high ground» okkupieren. Deren Moral koexistiert mit moralischen Subkulturen, in denen die Welt immer noch als eine Männerwelt gilt, die Schwarzen bloß Probleme machen und Ausländer im Ausland bleiben sollten.

Doch der Wandel unserer Moralvorstellungen geht über ihren Inhalt hinaus. Er betrifft auch ihr Auftreten. Die Art, wie sich die Moral implizit selbst versteht und präsentiert, hat sich verändert. Sie kennt ihre eigene Metaethik, also eine Sicht auf das, was Moral bedeutet und was, wenn überhaupt, ein moralisches Urteil zu wissen beansprucht.[1] Diese metaethische Selbstansicht der Moral tritt nicht so sehr angesichts ihrer umfassenden Zuständigkeit für alles Verletzliche und Leidensfähige hervor, sondern vielmehr im Kontext ihrer gesteigerten Sensibilität für Formen der Diskriminierung, Herabsetzung und Beleidigung.

Wenn es um Themen dieser Art geht, ist die Moral unserer Zeit von jener Moral verschieden, die uns im 20. Jahrhundert noch interessiert hat.

· ⚔ ·

In den sechziger oder siebziger Jahren des 20. Jahrhunderts war das Wichtigste an der Moral die Frage nach ihrer kognitiven Dimension.[2] Das bedeutet nicht, dass in der gesellschaftlichen Erfahrung ihr Wahrheitsanspruch im Vordergrund gestanden wäre. In gewisser Weise war das Gegenteil der Fall. Vor vierzig oder fünfzig Jahren verstanden sich viele als Relativisten oder gar als Skeptiker. Einen moralischen Geltungsanspruch zu erheben war wie von selbst von einem Dementi begleitet. Man beeilte sich hinzuzufügen, dass man

---

[1] Siehe einführend Titus Stahl, *Einführung in die Metaethik*, Stuttgart 2013.

[2] Siehe etwa Bernard Gert, *Die moralischen Regeln: Eine neue rationale Begründung der Moral*, dt. Frankfurt/Main 1983. Das Thema ist jedenfalls relevant bis zu Derek Parfit, *On What Matters*, Bd. 1 und 2, Oxford 2011.

es ja bloß «subjektiv» so sehe. Angesichts weitgehender moralischer Abklärung wurde umgekehrt in der Philosophie intensiv die Frage diskutiert, ob es so etwas wie objektiv gültige Moralprinzipien geben könne. Die Frage wurde kontrovers beurteilt. Jedenfalls waren aus metaethischer Sicht dies die Fragen, die an die Moral zu stellen waren: Ist sie «relativ», ist sie «subjektiv» oder ist sie das nicht?[3]

Die Moral unserer Zeit ist davon auffällig verschieden. In der Praxis des moralischen Urteils manifestiert sich ein Selbstverständnis über die Bedeutung des moralischen Urteils, das in der Metaethik dem entspricht, was man gemeinhin als «Emotivismus» bezeichnet.[4]

Nach emotivistischer Auffassung geben moralische Urteile kein Wissen wieder. Sie haben keinen kognitiven Gehalt. Sie können weder wahr noch falsch sein, auch nicht im subjektiven Sinn, dass sie wahrhaftig wiedergäben, wie die urteilende Person etwas subjektiv empfindet. Moralische Urteile sind performative Kundgaben von Zustimmung oder Ablehnung zu bestimmten Handlungen oder Praktiken. Sie wollen zur Beistimmung motivieren.[5] Obwohl sie ihrer Formulierung nach etwas konstatieren, sind sie als Exklamationen zu verstehen, nach dem Motto «Solidarität! Hurra!» oder «Diebstahl! Pfui!».

Als eine bedeutende Position in der Metaethik nimmt der Emotivismus dazu Stellung, was moralische Urteile über-

---

[3] Siehe den klassischen Beitrag von Karl-Otto Apel, Das Apriori der Kommunikationsgemeinschaft und die Grundlagen der Ethik, in: ders., *Transformation der Philosophie*, Bd. 2: *Das Apriori der Kommunikationsgemeinschaft*, Frankfurt/Main 1973, 358–435.

[4] Siehe zum Folgenden Alexander Miller, *Contemporary Metaethics: An Introduction*, 2. Aufl. Cambridge 2013, 24–30.

[5] Siehe Charles Leslie Stevenson, The Emotive Meaning of Ethical Terms, in: *Mind* 46 (1937) 14–31.

haupt bedeuten und ob sie wahrheitsfähig sind. Er steht im strikten Gegensatz zu einer kognitiven Ethik, die behauptet, moralische Urteile können wahr oder falsch sein.[6]

Die Moral unserer Zeit praktiziert das moralische Urteil so, als ob der Emotivismus das Wesen der Moral zutreffend erfasst hätte. *Implizit* basiert sie auf einem emotivistischen Moralverständnis.[7]

Diese Beobachtung lässt sich zunächst für Inklusionsimperative bestätigen. Emotives moralisches Urteilen übernimmt keine Begründungslast.[8] Es wirbt um Beistimmung. Als Basis dafür kann nur etwas dienen, das niemand in Frage stellt. Sexismus ist schlecht. Wer würde das ernsthaft leugnen wollen? Was sich von selbst versteht, wird im nächsten Schritt ausgedehnt oder ausgedeutet. Wenn Sexismus schlecht ist, dann ist auch Heterosexismus schlecht. Das eine gehört doch zum anderen. Das soziale Gesicht des Sex ist das Gender. Das soziale Geschlecht gehört zur Ordnung des Sichtbaren. Männer mit buntbemalten Fingernägeln zu benachteiligen, ist Sexismus.[9]

---

[6] Nach Alasdair MacIntyre, *After Virtue*, 2. Auflage Notre Dame 1984, 18, ist der Emotivismus das Anzeichen eines moralischen Verfalls.

[7] Für eine psychoanalytische Deutung desselben Phänomens als «paranoide Einbildung» siehe Robert Pfaller, *Erwachsenensprache: Über ihr Verschwinden aus Politik und Kultur*, Frankfurt/Main 2017, 121, 135.

[8] Siehe dazu auch Bernd Stegemann, *Die Moralfalle: Für eine Befreiung linker Politik*, Berlin 2018, 42.

[9] Das Beispiel könnte ergänzt werden, indem man den Sexismus um die Transphobie erweitert. Mit dem «Rassismus» sind solche Ausweitungen und Umwandlungen schon längst vollzogen worden. In Deutschland ist man aufgrund des Grundgesetzes mit «Rassismus» konfrontiert, wenn Menschen wegen vermeintlich vererblicher Merkmale benachteiligt werden. Unterdessen gilt es für manche schon als «rassistisch»,

Pfui!
Solcherart erobern sich Inklusionsimperative immer mehr Terrain. Verschiedentlich erhält man überraschende Ergebnisse und gerät ins Staunen. Die Moral sagt: Um Sexismus zu vermeiden, müsse der Ausdruck «Mitglieder» um die «Mitkliter» ergänzt werden, denn im Signifikanten «Mitglied» prange obszön der Penis. Ob solche Skandalisierungen etymologisch Sinn machen, ist unerheblich. Die emotivistisch praktizierte Moral offenbart sich am Fehlen von Begründungen.[10]

Die begründungsabstinente Unbekümmertheit der Moral unserer Zeit manifestiert sich an der Identifizierung sexistischer oder rassistischer Signale, über deren verwerflichen Charakter große Einmütigkeit herrscht. Auf den Grund der «Einmütigkeit» ist noch zurückzukommen. Es handelt sich dabei nicht um den zwanglosen Zwang des besseren Arguments.

Die Wäsche-Firma «Palmers» verwendete zur Bewerbung ihrer Produkte ein Plakat, das junge Frauen bloß mit Strumpfhosen bekleidet auf dem Bauch liegend zeigte und sie auf diese Weise verführerisch ihren Po und ihre langen schlanken Beine präsentieren ließ. Wenn über ein Plakat das Verdikt «sexistisch» gefällt worden ist, dann über dieses. Die Frage, die man unter kognitivistischen Vorzeichen erörtern müsste, wäre freilich, was das Prädikat eigentlich bedeutet und unter

---

wenn man von «Nationen» oder «Ausländern» spricht. Siehe dazu die Nachweise bei Uwe Kischel, Rasse, Rassismus und Grundgesetz. Verfassungsrechtliche, interdisziplinäre und rechtsvergleichende Aspekte, in: *Archiv des öffentlichen Rechts* 145 (2020), 227–263, hier: 230, 248–257, insbes. 252.

[10] Siehe in diesem Sinne zur narzistischen Verweigerung des Realitätsprinzips bei Robert Pfaller, Moralisieren ohne Moral, in: *Moral und Schuld: Exkulpationsnarrative in Ethikdebatten*, hrsg. v. H. Grimm – St. Schleissing, Baden-Baden 2019, 37–67

welchen Umständen eine Darstellung diese negative Bewertung verdient. Ist eine Darstellung dann sexistisch, wenn sie Frauen als Sexualobjekte zeigt,[11] obwohl doch das wechselseitige Sich-Zum-Objekt-Machen zur Sexualität gehört? Worin läge das Degradierende genau? Müsste das Plakat, um sexistisch zu sein, eine generelle Aussage machen, dass Frauen bloß Sexualobjekte sind? Aber wie kann ein Bild eine Aussage machen, wo es doch keine Aussage ist? Wäre nicht – etwa im Hinblick auf die Theorie des Bildaktes[12] – umgekehrt zu erwägen, ob das Plakat das Subjekt und die gaffenden Betrachter seine manipulierten Objekte sind, die sich entweder in die Strumpfhosen hinein oder diese von den dargestellten Frauen ausgezogen imaginieren? Vielleicht bedeutet das Plakat bloß, dass Männer auf attraktive junge Frauen «stehen». Der sexuelle Charakter dieser Bedeutung wäre offensichtlich. Aber ist alles Sexuelle von sich aus «sexistisch»? Es wäre doch wohl verkehrt anzunehmen, dass durch die Affirmation des Umstands, dass heterosexuelle Männer auf Frauen stehen, die Unterordnung der Frau unter den Mann ratifiziert wird. Wäre die «Heteronormativität»[13] der Skandal, dann müsste auch gezeigt werden, in welchem Zusammenhang sie mit dem männlichen Sexismus steht.

Es ist nicht anzunehmen, dass sich Kontroversen über die Bedeutung von Bildern abschließen lassen. Bilder spielen mit uns. Die Moral unserer Zeit macht dem Spiel ein Ende. Sie legt

---

[11] Zur «objectification» siehe Sally Haslanger, *Resisting Reality: Social Construction and Social Critique*, Oxford 2012, 64. Sie liege vor, wenn jemand als Objekt zur Befriedigung eines eigenen Bedürfnisses behandelt werde. Daran kann aber kein moralischer Skandal liegen, weil wir das ständig und vor allem auch außerhalb eines sexuellen Kontextes machen.

[12] Siehe Horst Bredekamp, *Theorie des Bildakts*, Berlin 2010.

[13] Siehe Judith Butler, *Körper von Gewicht: Die diskursiven Grenzen des Geschlechts*, dt. Frankfurt/Main 1997.

Moral als Bosheit

die Bedeutung fest. Interessanterweise wird sie damit zur Komplizin des Bösen.

Bei einem Fußballspiel ohne Publikum entrollten Fans von Rapid Wien – *prima facie* nicht Kandidaten für einen Meisterbrief im Formulieren subtiler Botschaften – ein zugegeben geschmackloses Transparent, auf dem geschrieben stand «A Stadion mit leeren Plätzen is wie a schiache Oide wetzen», wobei «wetzen» als typisch männliche Metapher für den Geschlechtsakt stand. Es herrschte große Einmütigkeit darüber, dass dieser Satz sexistisch und frauenfeindlich sei. Wieso eigentlich? Das Einzige, das in diesem Fall offensichtlich ist, ist, dass nicht alle Frauen herabgewürdigt wurden. Der impliziten Ablehnung unterlagen bloß die «Schiachen». Dies auszusprechen ist gewiss kein Beweis guter Manieren. «Wetzen» mag in der Tat eine überwiegend männliche Perspektive auf den Sexualakt sein, bei dem die Aktivität vom Mann gesetzt wird. Es fehlt die Gegenseitigkeit. Das muss zugestanden werden. Aber kommt es auf diese überhaupt an, wenn es um eine Metapher für die subjektive Erfahrung von Freudlosigkeit geht?

Der Vorwurf des Sexismus entsprang einer Deutung, für die keine Gründe angeführt wurden. Dass Proleten sich notorisch grob ausdrücken, wird ihnen nicht als mildernder Umstand angerechnet. Deren Identität zählt nicht. Was zählt, ist das emotivistische «Buh!», das ihnen entgegenschallt.

Es ist ein wesentlicher Bestandteil des untersuchten Phänomens, dass die vorstehenden, wenn auch reichlich kursorischen, Analysen selbst verdächtigt werden müssen, der Schlechtigkeit ihres Autors zu entspringen. Die Analyse findet sich damit im Phänomenbestand wieder. Wer den sexistischen Gehalt des Palmers-Plakats und des Transparents der Rapid-

Fans in Frage stellt, läuft notwendig Gefahr, selbst als Sexist zu gelten.

Nun geht es nicht darum, ob es richtig oder falsch ist, die eine oder andere Darstellung oder Stellungnahme als «sexistisch» zu bezeichnen. Diese Frage lässt sich wohl nicht beantworten. Relevant ist in diesem Zusammenhang bloß, dass «richtig» oder «falsch» keine Rolle spielen. Von Interesse muss daher sein, in welchem Sinn sie keine Rolle spielen.

Lebten wir in einer freien Gesellschaft, würden wir dem Palmers-Plakat oder dem Transparent der Rapid-Fans den «benefit of the doubt» geben und sagen, dass das Eine schillert und mit unserem Begehren spielt, während das Andere milieubedingt mit einem groben Vergleich gegen das Spiel vor leerem Stadium demonstriert. Aber solange niemandem geschadet wird, darf beides sein. Moralische Indignation allein ist kein Schaden. Gälte sie als einer, dann könnten wir nicht in einer freien Gesellschaft leben.[14]

Die Moral unserer Zeit verhält sich gegenüber der Richtigkeit oder Falschheit von Äußerungen oder Symbolen auf eine andere Art indifferent. Sie erklärt sich aus der performativen Form ihres Urteils.[15] Sprachpragmatisch kann man sie wie folgt rekonstruieren:

(1) X ist y-isch.

(2) Wer nicht sieht, dass X y-isch ist, ist selbst y-isch.

(3) Niemand will als y-isch gelten.

(4) Daher bestreitet niemand, dass X y-isch ist.

---

[14] Siehe Judith Jarvis Thomson, *The Realm of Rights*, Cambridge, Mass. 1990, 264–265.

[15] Siehe dazu auch Stegemann, oben Anm. 8, hier: 16, 29, 42, 55–56.

Der Gebrauch des Allquantors in (3) ist unpräzise. Es gibt ein paar Wenige, die sich stolz von der Moral unserer Zeit ausnehmen. Aber sie gelten denen, die vom «moral high ground» aus sprechen, ohnedies als schlecht. Diesen Schlechten bereitet es umgekehrt Vergnügen, in den Augen der Bewohner des «high ground» schlecht zu sein. Für andere schlecht zu sein, ist ihr Gutes.

Die Prämisse (2) ist möglicherweise eine theologische Reminiszenz an die Erbsünde.[16] Sie indiziert, dass die moralische Fehlhaltung die Fehlsichtigkeit einschließt. Wer nicht sieht, dass das «Logo» des Mohrenbräu[17] rassistisch ist, sondern sich unter Rekurs auf historische Fakten darauf ausreden will, dass es auf den Heiligen Mauritius anspiele, hat seine Schlechtigkeit noch nicht begriffen.[18] Auf die Genealogie komme es nicht an. Es komme darauf an, wie es heute von relevanten Gruppen gesehen werde.[19]

· ⚔ ·

Die Moral unserer Zeit schreitet vom Selbstverständlichen zum mitunter Überraschenden fort (nicht, dass es im Fall des Mohrenbräu so wäre). Das Mittel dazu sind Deutungen. Diese Deutungen sind eliminativ. Sie absorbieren Vieldeutigkeit

---

[16] Die Erbsünde ist zu begreifen als eine allgemeine Mangel- und Unheilsituation. Siehe Karl Rahner – Herbert Vorgrimler, *Kleines Theologisches Wörterbuch*, 15. Aufl. Freiburg 1985, 107.
[17] Hier ist der Einfachheit halber eine Reproduktion:
[18] Zur Diskussion des Logos siehe etwa https://vorarlberg.orf.at/stories/3054696/. (12.6.2021)
[19] Siehe zum Verzicht auf die Selbstbeurteilung und der Relevanz der Fremdbewertung durch die Gruppe sowie zur damit einhergehenden Produktion von «Unpersonen», deren Fehlhaltung ihr Wesen ausmacht und daher als unkorrigierbar gilt, bei Robert Pfaller, Moralisieren ohne Moral, in: *Moral und Schuld: Exkulpationsnarrative in Ethikdebatten*, hrsg. v. H. Grimm – St. Schleissing, Baden-Baden 2019, 37–67.

und nehmen den Symbolen das Schillernde.[20] Unter ästhetischen Gesichtspunkten sind sie borniert. Vermöge dieser Borniertheit werden sie unter der Hand zu «Täter*innen».

Die Interpretation bringt den moralischen Affront erst hervor. Sie vollendet eine Tat, die nie als vollendet intendiert war. Der Mohr im Logo des Mohrenbräu changiert zwischen dem stereotypisch dicklippigen Schwarzen (der Hl. Mauritius wird historisch tatsächlich ähnlich dargestellt) und einem Birnbaum. Dieses Changieren war wohl beabsichtigt. Wie eine Welle wogt das Logo zwischen harmlos und böse hin und her. Es sind solche ästhetischen Mittel, die es uns gestatten, die dunkle Seite der Seele herauszulassen und sie zugleich schamhaft zu verbergen. Aus psychoanalytischer Sicht ist dies eine Quelle der Lust. Der Mohr im Logo ist rassistisch und dementiert, dies zu sein. Er ist beides: schuldig und unschuldig. Das emotive «Buh!» bringt das Dementi zum Verschwinden. Es vergewaltigt das Symbol. Es vergewaltigt das Symbol durch das selektive Hinsehen und verbindet damit mitunter noch den aufklärerischen Gestus des «Aufdeckens» und «Sichtbarmachens». Da niemand als rassistisch gelten will, müssen wir das hinnehmen. Endlich hat jemand den stereotypen Schwarzen im Logo des Mohrenbräu entdeckt oder im sexistischen Kontext das «Glied» im Mitglied. Was für ein subtiler Schachzug.

Die moralische Vergewaltigung der Sprache ist der kategorische Imperativ der Moral unserer Zeit.

---

[20] Siehe zum Problem der mangelnden «Ambiguitätstoleranz» Thomas Bauer, *Die Vereindeutigung der Welt: Über den Verlust von Mehrdeutigkeit und Vielfalt*, 4. Aufl. Stuttgart 2018, v. a. 85.

· ⚹ ·

Begründungen bleiben aus. Die Vorverurteilungen, denen im Zuge von «Me-Too» einige Männer vor dem Beweisverfahren erlegen sind, fügt sich in das Bild der fehlenden Begründungen. Es geht bloß um einen Eindruck und dessen Bestätigung. Aufgrund dieser Verfahrensweise muss der angemessene Umgang miteinander immer unbestimmt bleiben. Bis ins Unendliche wird er negativ – durch die Identifikation von Zeichen einer moralischen Fehlhaltung – bestimmt. Die daraus resultierende Verunsicherung verstärkt den Hang zum Ducken.

Für die Pragmatik des moralischen Urteils folgt daraus ein Autoritarismus der kleinen Münze. An die Stelle dessen, was unter kognitiven Vorzeichen der zwanglose Zwang des besseren Arguments zu leisten hätte, tritt die Furcht vor der sozialen Ächtung.

Am raschen In-Deckung-Gehen wächst die Autorität der «Urteilend*en». Die Wahrnehmung von Sexismus oder Rassismus wird nicht diskursiv begründet, sondern als gesehen behauptet. Mit der Behauptung verbindet sich das Urteil, dass, wer es nicht sehe, mit dem diagnostizierten Übel infiziert sei. Die Rassisten seien für den eigenen Rassismus stumpf. Wer eine moralische Verurteilung bestreitet, verurteilt sich nochmals selbst. Da es keine Auszeichnung ist, solcherart moralisch gebrandmarkt durch die soziale Welt zu gehen, bleiben die Menschen lieber stumm.

· ⚹ ·

Gewiss sind vor der Moral unserer Zeit nicht alle Deutungen gleich. Die Kraft emotivistischer Urteile ist abhängig von der Identität der Urteilenden. Den Opfern gesteht man einen privilegierten erstpersonalen Zugang zur Verletzung zu. Denn jede Verletzung ist gefühlt. Das Gefühl verursacht, wenn das

Opfer nicht völlig eingeschüchtert oder emotional unempfindlich geworden ist, ein «Buh». Wenn die Opfer sagen, dass etwas y-isch ist, dann müsse man ihnen glauben. Wenn «Schwarze» behaupten, der Ausdruck «schwarze Liste» sei diskriminierend, dann sei das zu respektieren ungeachtet des Umstands, dass der Ausdruck keine rassistische Genealogie hat. Und wenn die Opfer nicht selbst sprechen, kommen ihnen Opferkundler zu Hilfe, die ihre Urteilskraft in den Sozial- und Kulturwissenschaften erworben und geschult haben. Man muss nicht Nietzsche gelesen haben, um zu begreifen, dass eine Moral, die die, wenn auch bloß symbolische, Genugtuung in die Hände der Beleidigten legt, nicht das Recht, sondern die Rache predigt.[21] Sie neigt daher zum Exzess.

Und damit beginnt ein Spaß, der ziemlich ernst ist. Zunächst verschwindet der Unterschied zwischen Ernst und Parodie. Denn warum sollten sich, gesetzt, dass die Feministinnen dem Sprachgebrauch das «Mitklit» abgerungen hätten, nicht die Transgender Personen darüber beklagen, dass damit stur an der binär codierten Geschlechtlichkeit festgehalten werde. Damit werde ihnen weiterhin die soziale Sichtbarkeit genommen.

Die Moral unserer Zeit konfrontiert uns solcherart mit Komischem, über das man nicht lachen darf. So empfiehlt etwa der Leitfaden über den gendergerechten Sprachgebrauch der Universität Wien bei Massenaussendungen die Ansprache «Lieb* Studierend*» zu verwenden.[22] Dies garantiere un-

---

[21] Die Rache bleibt beim Urteilen stehen und ist insofern «imaginär». Siehe Friedrich Nietzsche, Zur Genealogie der Moral: Eine Streitschrift, in: *Kritische Studienausgabe*, hrsg. v. G. Colli – M. Montinari, München 1988, Bd. 5, 270. Siehe in diesem Sinne zum Ressentiment bei Max Scheler, *Das Ressentiment im Aufbau der Moralen*, hrsg. v. M. Frings, 2. Aufl. Frankfurt/Main 2004, 6–7.

[22] Siehe zu diesem Beispiel schon oben S. 31.

begrenzte Geschlechterneutralität jenseits des Binarismus. Der Vorschlag ist an sich zum Schießen (Vorsicht! Gewalttätige Sprache!). Die genderinklusive Sprache verwandelt sich von selbst in ihre eigene Parodie. Man darf sie bloß nicht lustig finden.

Das Komische entsteht durch die Übersteigerung oder sinnwidrige Veränderung von einzelnen Elementen einer vorgeführten Handlung. An sich nimmt bereits der Umstand, vorgeführt zu werden, einer vorgeführten Handlung den Ernst.[23] Durch die Suspension der Zweckverfolgung als ihrem synthetischen Prinzip verselbständigen sich die Elemente der Handlung (wie Mittel, Akteur und Adressat) gegeneinander und lassen sich zu anderen Zwecken verwenden. Damit entsteht Raum fürs ästhetische Spiel, in dem sich etwa durch eine Übersteigerung des gewählten Mittels die Handlung parodieren lässt. Indem man beispielsweise mit tontechnischen Mitteln die Worte eines die Schulklasse ermahnenden Lehrers ins Unverständliche verzerrt und den Tonfall in eine Art Bellen verfremdet, verliert das Wüten seinen bedrohlichen Charakter und wirkt komisch.

Der Vorschlag, man solle Studierende mit «Lieb* Studierend*» anschreiben, ist eine ostentative Haltungsdemonstration. Das Inklusionsvorhaben wird in einem offiziellen Dokument zur Schau gestellt. Das Mittel, das gewählt wird, um die Verfolgung eines guten Zwecks auf die Bühne zu stellen, wird dabei dermaßen grotesk übersteigert, dass es die Frage aufwirft, ob es auch ernst gemeint ist. Es wirkt komisch.

Nun bietet die Komik den Ohnmächtigen eine harmlose Handhabe, um der Unterdrückung für einen Moment das Drückende zu nehmen. Es entspringt keinem Zufall, dass

---

[23] Siehe zum folgenden Christoph Menke, *Die Gegenwart der Tragödie: Versuch über Urteil und Spiel*, Frankfurt/Main 2005, 123–129.

extrem repressive Regimes die Untertanen dazu anhalten, die Parodie der Herrschaft mit Ernst auszuführen. Übermacht beweist, wer andere dazu zwingen kann, Unsinn zu praktizieren, als wäre er sinnvoll. Schillers Gesslerhut ist das Musterbeispiel dafür. Den Hut für die Autorität zu nehmen und sich vor ihm zu verbeugen, wäre an sich der Stoff für eine Parodie. Ein entsprechender Sketch wäre komisch und würde Autorität untergraben, weil er zu verstehen gäbe, dass diese nichts anderes ist, als ein äußerliches Symbol vermittelt. Wenn Autorität hat, wer den Hut hat, dann ist nichts dahinter. Das Erniedrigende am Gebot, den Gesslerhut zu grüßen, liegt nun darin, die Parodie für bare Münze nehmen zu müssen. Man beraubt den Unterdrückten damit der mildesten und harmlosesten Form des Widerstands.[24]

Die Moral unserer Zeit belässt uns in Unsicherheit darüber, ob eine Entrüstung ernsthaft oder als Scherz gemeint ist. Es wurde vorgeschlagen, Teile eines Computercodes nicht mehr als «slave» zu bezeichnen, zumal dies an furchtbare Formen der Unterdrückung erinnere. War das ernst gemeint? Diese Unsicherheit darüber lässt sich nicht anders als performativ auflösen. Denn alles, was sich sprachlich ausdrücken lässt, vermag auch zu schillern. Wer die Auflösung vollziehen kann, der hat die Macht.

Die Moral unserer Zeit kostet kein Steuergeld. Sie ist aufkommensneutral. Sie lässt bestehende soziale Hierarchien und die Ungleichheiten an Einkommen und Vermögen intakt. Deswegen ist ihr Inhalt beschränkt. «Ausbeutung! Pfui!»

---

[24] In autoritären Verhältnissen können die Inhaber der Autorität sich so schräg gerieren, wie sie wollen, ohne dass die Unterworfenen öffentlich darüber lachen dürfen. Beispiele dafür hätte ich zur Genüge aus meiner Studienzeit.

kommt in ihr nicht oder nur dann vor, wenn Angehörige von körperlich markierbaren Opfergruppen betroffen sind.

Dass Ausbeutung nicht sein darf, ist nicht so selbstverständlich wie die Verwerflichkeit von Rassismus, Sexismus oder Fremdenhass. Ist das, was manche Ausbeutung nennen, nicht die Quelle des wirtschaftlichen Wachstums und Wohlstands? Die Moral unserer Zeit steht an sich auf gutem Fuß mit dem wirtschaftlichen Liberalismus. Sie will ihn bloß von Vorurteilen reinigen. Sie glaubt an die moralische Läuterung der Märkte. Nur deswegen verfährt sie illiberal.

Die Moral unserer Zeit stellt, indem sie Mehrdeutigkeit beseitigt, das Unrecht erst fertig. Aufgrund ihrer performativen Form wirkt sie an der Herstellung dessen mit, was sie zu konstatieren meint. Interessanterweise gehören zu ihren Anhängern nicht selten jene, die, wenn sie ihre Interessen ernst nähmen, «Ausbeutung! Buh!» schreien sollten. Zu den Virtuosen der ästhetischen Borniertheit zählen nicht selten junge Menschen, die im Prekariat leben. Sie haben nichts von der Moral, abgesehen von der symbolischen Kompensation durch das Pathos der Distanz,[25] das sie von den Proleten am Rapid-Platz trennt.

Dieses Pathos ist die reale Parodie ihrer Interessen. Die Moral unserer Zeit nimmt diese Menschen nicht ernst. Sie spielt mit ihnen, gerade so, als wäre sie ein sexistisches Symbol.

---

[25] Siehe Nietzsche, oben Anm. 21, 259.

Sein als Beleidigtsein: Eine ontologische Vermutung

Ein schlimmes Unrecht, das im «Gender Trouble»[1] zugefügt werden kann, besteht in der Verkennung des wahren, selbstbestimmt festgelegten Geschlechts. Egal, ob das Geschlecht als freiwillig festgelegt oder als umsichtig entdeckt gilt, es erheischt öffentliche Anerkennung.[2] Vor dem Hintergrund dieses Liberalismus der Geschlechtsfestlegung gilt jegliches sture Festhalten an der binären Unterscheidung der Geschlechter nicht nur als borniert, sondern als ein Affront gegen die freie Selbstbestimmung der Person und damit als ein Unrecht. Verfassungsgerichte haben das schon bestätigt.

Aus der Sicht der zeitgenössischen Soziologie, die unsere Gesellschaften als solche von Singularitäten[3] versteht, ist diese Entwicklung nicht weiter überraschend. Sie ist konsistent mit

---

[1] Siehe Judith Butler, *Das Unbehagen der Geschlechter*, dt. Frankfurt/Main 1991.

[2] Zur bemerkenswerten Paradoxie, dass es demgegenüber als verpönt gilt, sich freiwillig einer anderen «Rasse» zuzuordnen, obwohl eine Änderung oder Anpassung des Geschlechts nach wie vor mit medizinischen Eingriffen verbunden und insofern gravierender ist, siehe Rogers Brubaker, *Trans: Gender and Race in an Age of Unsettled Identities*, Princeton 2016, 6.

[3] Siehe Andreas Reckwitz, *Die Gesellschaft der Singularitäten: Zum Strukturwandel der Moderne*, Berlin 2017.

der Vermengung bürgerlicher und romantischer Motive in der Kultur der «Spätmoderne».[4] Bürgerlich ist das Streben nach Status und nach öffentlich vermittelter Selbstliebe, romantisch hingegen die Weigerung, sich mit traditionellen Rollen zu identifizieren. Damit wird die soziale Inszenierung der Authentizität und der Unverwechselbarkeit individueller Personen zu einem allgemeinen Lebensideal. Ihm wächst kardinaler Charakter zu, weil sich alles um es dreht. Alle müssen einzigartig sein. Die Wahl eines originellen Geschlechts ist ein Mittel dazu.[5] Denn kaum etwas bestimmt die Identität von Personen unmittelbarer und tiefgreifender als die Geschlechtlichkeit.[6] Jeglicher Umgang mit anderen ist dadurch gefärbt.[7]

Allerdings ist die Struktur der Anerkennung des individualisierten Geschlechts einigermaßen vertrackt. Geschlechtlichkeit ist sozial zunächst binär codiert. «Man» ist entweder männlich oder weiblich. Die soziale Bedeutung dessen, was «man» ist und was «man», weil «man» es ist, tun darf oder tun muss, war demgemäß lange davon bestimmt, was man nicht

---

[4] «Spätmodern» ist, was die industrielle Moderne ablöst. Mit ihr tritt deren Markenzeichen, die formale Rationalität und die Standardisierung, in den Hintergrund. In den Vordergrund rücken hingegen die Kulturalisierung und Affektintensivierung des Lebens. Siehe ebd., 17–19, 41, 93, 102.

[5] Selbstverständlich lassen sich Standardisierungen nicht vermeiden. Facebook stellt den Usern zum Zweck der öffentlichen Darstellung ihres Geschlechts offenbar 58 Optionen zur Verfügung. Siehe https://abcnews.go.com/blogs/headlines/2014/02/heres-a-list-of-58-gender-options-for-facebook-users. (24.6.2012)

[6] So auch Brubaker, oben Anm. 2, 7.

[7] Es mag sein, dass diese Beobachtung typisch «heterosexistisch-männlich» ist. Das ist sogar wahrscheinlich. Vorsicht!

Moral als Bosheit 61

ist. Männer tragen keine Röcke. Frauen schlagen nicht gleich zu. Es entspringt daher keinem Zufall, dass die Bestimmung des bislang ausgeschlossenen Dritten nicht leichtfällt. Sie ist aber vorauszusetzen, damit die Identitätsbeleidigung möglich ist.

Nicht weniger steht auf dem Spiel als die Bedingung ihrer Möglichkeit. Unter der Bedingung, dass das Geschlecht, das jemand verkörpert, individuell festgelegt ist, kann die Person, als dessen Träger sie fungiert, dieses als ebenso einzigartig wie sich selbst verstehen. Das Geschlecht kann, so gesehen, zu sich selbst sagen, dass es ganz und gar einmalig sei.

Was ganz und gar einmalig ist, ist anders als alles andere. Dies ist unabhängig davon, ob dieses andere selbst einmalig ist oder nicht. Auch in einem Raum von Replikas bleibt das Einmalige einmalig.

Das Geschlechtsein der Person ist also, wenn es denn individuell ist, jedenfalls ein Weder-Das-Eine-Noch-Das-Andere-Sein.

Das Weder-Das-Eine-Noch-Das-Andere-Sein ist mit nichts anderem gleich. Seine Identität hat es im Verhältnis zu anderen darin, mit jenen nicht identisch zu sein. Das Weder-Das-Eine-Noch-Das-Andere-Sein ist ein Nicht-Identisch-Sein.

Wenn es aber dies ist, dann gilt von ihm auch, was Adorno über das «Nicht-Identische» sagte. Es entzieht sich dem Begriff.[8] Kein Prädikat vermag auszusagen, was es ist. Jede Prä-

---

[8] Siehe Theodor W. Adorno, *Negative Dialektik*, Frankfurt/Main 1966, 149–152.

dikation ginge an seinem Wesen vorbei. Zwischen ihm und der Prädikation herrscht ein Widerstreit.[9]

· ⌀ ·

Das Nicht-Identische hat sein Sein darin, weder das eine noch das andere zu sein. Es ist immer verschieden. Deswegen muss es sich dem Begriff verweigern.

Wenn es sich aber dem Begriff verweigert, dann muss es, um gänzlich bei sich zu sein, sich auch seinem eigenen Begriff verweigern. Sonst würde es festgelegt. Dieser Begriff besteht darin, weder das eine noch das andere zu sein. Um ganz bei sich zu sein, muss es sich also auch noch von sich selbst differenzieren.

Wenn es sich aber von sich selbst unterscheiden muss, dann muss es verneinen, was es ist. Es muss also verneinen, dass es weder das eine noch das andere ist. Also muss es, so scheint es, doch das eine oder das andere sein.

An diesem Punkt der höchsten dialektischen Spannung muss das Einzigartige mit sich selbst ins Reine kommen. Denn wenn es sich nicht seinem eigenen Begriff verweigerte, würde es sich selbst aufheben. Es wäre klassifizierbar, einzuordnen und in einem System wegzusperren. Mit der Einzigartigkeit wäre es vorbei.

Durch Selbstaufhebung würde es aber verloren gehen. Es wäre weg. Es wäre nicht mehr, was es ist.

Sein Sein kann das Weder-Das-Eine-Noch-Das-Andere-Sein nur darin haben, das eine oder das andere zu sein, indem es dieses auch nicht ist. Sein Sein kann also nur darin bestehen, die Subsumtion zu verlangen und zu verweigern. Es muss ganz und gar Negativität sein. Auf jede versuchte Festlegung muss es mit «nein» antworten. Aber es muss diese

---

[9] Siehe Jean-François Loyard, *Der Widerstreit*, dt. München 1989.

Festlegung auch suchen, um die Verneinung vollziehen zu können.

Damit entpuppt sich das Sein des Weder-Das-Eine-Noch-Das-Andere-Seins als ein Verkanntsein. Es ist prinzipiell verkannt, nicht ab und zu oder von dem einen oder der anderen. Genauer gesagt hat es sein Sein in dem permanenten Einspruch gegen sein Verkanntsein.

Es ist nichts anderes als der Protest gegen die Festlegung und nichts außerdem.

· ✗ ·

Das Verkanntsein hat eine moralische Qualität. Wer eine andere Person verkennt, der tut dieser ein Unrecht an. Er verletzt sie. Er ist böse. Wer kategorisiert oder unter einen Begriff «subsumiert», beleidigt das unbeschreiblich Individuelle.

Das Sein des Individuellen ist daher ein Beleidigtsein. Diese Beleidigung muss es sich selbst zufügen. Es verleiht seiner Unbestimmtheit jene Form der Bestimmtheit, in welcher die Unbestimmtheit aufgehoben ist. Sie ist in der Form erhalten. Nichts ist leichter für andere ohne Grund zu sein als beleidigt zu sein.

In der Tat ist die Beleidigung die Bedingung dafür, dass das Einzigartige mit sich in eine Beziehung treten kann. In ihr hat es sein Selbstbewusstsein.

Erziehung durch Recht

· ⚔ ·

Das Recht ist eine Sphäre von vernünftigen Auffassungsunterschieden. In gewissem Umfang ist es kein Anzeichen von Unvernunft, wenn man inhaltlich nicht akzeptiert, was für uns gelten soll. Es bedeutet sogar umgekehrt, dass die Anerkennung von Dissens die Vernunft indiziert.[1] Vernünftige Leute verstehen, warum wir nicht übereinstimmen. Sie verstehen, dass die Dinge mehr als eine Seite haben und dass unterschiedliche Leute den einen oder anderen Aspekt entgegengesetzt bewerten. Nur die Unvernünftigen wollen einer Meinung sein und dulden keinen Widerspruch. Die Unvernünftigen bestehen auf Übereinstimmung. Sie sehen nicht, dass der Dissens die Brücke zur Vernunft ist.

Diese pyrrhonische Einstellung zur Vernunft[2] verdankt sich der skeptischen Einsicht, dass der moralisch aufgeregte Austausch von Argumenten und Gegenargumenten sich nur

---

[1] Siehe dazu die Skizze bei Alexander Somek, Legality and the Legal Relation, in: *Ratio Iuris* 33 (2020) 307–316.

[2] Die antike Form der Skepsis zieht sich angesichts des Gleichstands der Argumente auf die Urteilsenthaltung zurück. Siehe Sextus Empiricus, *Grundriss der pyrrhonischen Skepsis*, dt. Frankfurt/Main 1985, 100. Dazu Markus Gabriel, *Skeptizismus und Idealismus in der Antike*, Frankfurt/Main 2009, 111–120; Andreas Gelhard, *Skeptische Bildung: Prüfungsprozesse als philosophisches Problem*, Zürich 2018, 184–191.

zur Ruhe bringen lässt, indem man ihm den sachlichen Ernst nimmt. Dies geschieht durch die Verwandlung von Überzeugungen in Entscheidungen. Sie erhalten damit eine andere Qualität. Was die einen anordnen, weil sie es für richtig halten, stellt für die anderen einen Eingriff in ihre Freiheit dar. In Frage steht dann nicht mehr, ob eine Maßnahme gut oder schlecht ist, sondern ob ein Eingriff gerechtfertigt ist. Auch das ist eine ernste Sache; in der Sache ist es dies allerdings nicht mehr. Die Frage ist mit Blick darauf ernst, wie weit jemandes Macht gehen darf, anderen etwas anzuschaffen. In diesem Zusammenhang ist zu beurteilen, wie weit oder wie eng der Beurteilungsspielraum dessen sein darf, der anschafft. Wenn ein Beurteilungsspielraum zugestanden wird, werden Meinungsverschiedenheiten nicht mehr in der Sache gelöst, sondern vielmehr Entscheidungskompetenzen festgelegt. Über deren Umfang kann man ebenfalls unterschiedlicher Meinung sein. Aber ohne Zweifel erweitert sich damit die praktische Vernunft gleichsam von innen, indem sie sich angesichts ihrer sachlichen Grenzen praktisch in der Form von Entscheidungen realisiert.

Sollen wir, um eine Ansteckungsgefahr zu reduzieren, in Zukunft immer Gesichtsmasken tragen müssen, wenn wir uns mit Fremden in geschlossenen Räumen aufhalten? Wäre das gut oder schlecht? Gewiss wäre es gut für die Allgemeinheit, aber gleichzeitig schlecht für jede und jeden. Die Argumente, die dafür sprechen, sind gut, die Argumente, die dagegen sprechen, sind dies auch. Wenn wir aber um der Gleichbehandlung und der Ordnung willen weiterkommen wollen und daher einer allgemein geltenden Regel bedürfen, dann können wir nicht einfach auseinandergehen und es beim Für und Wider belassen.³ Wir müssen zu einem Ergebnis gelangen.

Vor dem Hintergrund dieser Notwendigkeit verändert sich die Problemstellung. Nunmehr stellt sich die Frage, wer die Autorität haben soll, über die Sache zu entscheiden. Das Problem wird politisch. Der Brennpunkt verlagert sich von der inhaltlichen Richtigkeit auf die Einräumung von Macht, andere zu regieren. Anstelle der allgemeinen inhaltlichen Beistimmung, die man vom unparteilichen Urteil erwartet, treten Legitimitätsbedingungen wie Gleichheit oder Verhältnismäßigkeit. Das Problem, ob eine Maske getragen werden soll, verwandelt sich in die Frage, welche Instanz dies vorschreiben darf und ob sie, sobald sie etwas vorschreibt, dabei weder diskriminierend noch über das Ziel hinausschießend vorgeht.

Kompetenzen und Eingriffsgrenzen stipulieren die Bedingungen für die freiwillig zugelassene Fremdbestimmung. Dies sind aber nicht die einzigen Bedingungen. Zu ihnen gehört auch die Legalität.⁴ Sie gehört in einem doppelten Verstande dazu.

Erstens muss man einer Regel, mit der man inhaltlich nicht übereinstimmen muss, auch nicht aus «innerer Überzeugung» folgen. Das Letztere bedeutet, dass man sich nicht in die Vorstellungswelt der anordnenden Instanz versetzen muss, um die Bedingungen für die korrekte Befolgung der Regel vergegenwärtigen zu können. Man muss sich nicht ausmalen, was die Befehlenden gedacht haben könnten oder für

---

³ Siehe zu den «circumstances of politics» bei Jeremy Waldron, *Law and Disagreement*, Oxford 1999.
⁴ Siehe oben Anm. 1.

einen Verstoß halten würden, und sich somit in ihre Perspektive hineinversetzen. Andernfalls würde die Befolgung voraussetzen, sich mit den Befehlenden in gewisser Weise zu identifizieren. Damit würde der Zugewinn an praktischer Vernunft, der in der Legalität liegt, wieder verspielt. Dieser Zugewinn besteht ja darin, dass die eine Regelung tragende inhaltliche Perspektive – die «Weltanschauung», der sie entspringt – außer Betracht bleibt.

Zweitens muss aus der Sicht der Legalität eine Regel so beschaffen sein, dass ihre Anwendung vorhersehbar bleibt. Lon Fuller,[5] Friedrich August von Hayek,[6] Nigel Simmonds[7] und Philip Pettit[8] haben teilweise unabhängig voneinander darauf hingewiesen, dass es, um Menschen als autonome Wesen achten zu können, unerlässlich sei, ihnen die Möglichkeit zu geben, ihr Verhalten unter Antizipation möglicher rechtlicher Konsequenzen zu planen. Würde ihnen diese Möglichkeit vorenthalten, wären sie in der Position von Sklaven oder Kindern, denen spontan Vorschriften gemacht werden dürfen. Sie müssen zu Gebote stehen, weil sie kein eigenes Leben führen oder der bedingungslose Gehorsam vorgeblich ohnedies zur ihrem Besten ist. Nur mit Unmündigen dürfe so verfahren werden.

Im Folgenden soll dieser Gedanke an einem delikaten Beispiel durchdekliniert werden.

---

[5] Siehe Lon L. Fuller, *The Morality of Law*, 2. Aufl. New Haven 1969.
[6] Siehe Friedrich A. von Hayek, *The Constitution of Liberty*, Chicago 1960.
[7] Siehe Nigel Simmonds, *Law as a Moral Idea*, Oxford 2007.
[8] Siehe z. B. Philip Pettit, *On the People's Terms: A Republican Theory and Model of Democracy*, Cambridge 2013.

· ⚔ ·

Sexuell belästigt zu werden ist für eine betroffene Person sehr unangenehm und alles andere als ein Spaß. Aus moralischer Sicht ist es daher verständlich, dass das Recht Anstrengungen unternimmt, das entsprechende Verhalten zu unterbinden. Dies ist in Österreich unter anderem im Gleichbehandlungsgesetz geschehen, in dessen § 6 Abs. 2 der Tatbestand umschrieben wird als «[...] ein der sexuellen Sphäre zugehöriges Verhalten [...], das die Würde einer Person beeinträchtigt oder dies bezweckt und für die betroffene Person unerwünscht, unangebracht oder anstößig ist (...)». Das Gleichbehandlungsgesetz und das Bundesgleichbehandlungsgesetz (in § 8)[9] fügen noch zwei alternativ anwendbare Bedingungen hinzu. Durch das Verhalten muss eine einschüchternde, feindselige oder demütigende Arbeitsumwelt für die betroffene Person geschaffen werden oder dies bezweckt sein; oder die duldende oder ablehnende Reaktion seitens der betroffenen Person eine positive oder negative Auswirkung auf Angelegenheiten wie Entlohnung, Weiterbildung oder Beschäftigung haben.

Wenn man sich den Tatbestand vor Augen hält, fällt zunächst die Kombination eines subjektiven und eines objektiven Faktors auf. Die Erfüllung des Tatbestandes setzt voraus, dass die betroffene Person das betreffende Verhalten als unerwünscht empfindet. Das ist der subjektive Faktor, der von den «Täter*innen» prinzipiell nicht vorhergesehen werden muss, auch wenn sie ihn vorhersehen können. Um aber die Bestimmung des Unrechts nicht ausschließlich an das moralische Gefühl der Opfer zu delegieren, ist das subjektive Element durch ein objektives ergänzt, das besagt, dass das

---

[9] Nach § 44 UG kommt das B-GlBG auf alle Angehörigen der Universität zur Anwendung – dazu zählen nach § 94 auch die Studierenden.

Verhalten die Würde einer Person beeinträchtigen oder dies wenigstens bezweckt haben müsse.

Gewiss ist es nicht einfach zu bestimmen, unter welchen Bedingungen eine solche Herabwürdigung vorliegt. Wie sollen sich also die «Normadressat*innen» an dieser Norm orientieren können?

Das hängt nun in der Tat davon ab, wie man die Problemstellung versteht. Versteht man sie moralisch-inhaltlich, dann ginge es darum, die Bedeutung und den Umfang der sexuellen Belästigung plausibel zu entwickeln. Zu überlegen wäre somit, was unter einem der «sexuellen Sphäre zugehörigen Verhalten» zu verstehen sei. Man stünde aber von vornherein vor schwierigen Abgrenzungsfragen, die deswegen auftreten, weil sexuelles Begehren es an sich hat, sich an so gut wie jegliches Objekt heften zu lassen. So gut wie alles, was in der Welt ist, ist von Libido besetzbar. Aufblasbare Love Dolls stellen bloß den halbwegs nachvollziehbaren Anfang dar. Weil die Libido so freigiebig und freizügig über das verteilt werden kann, was in der Welt der Fall ist, lassen sich Belästigungsvorwürfe auch leicht erheben. Dem Verhalten lässt sich unschwer eine sexuelle Signifikanz zuschreiben. Wenn ich einem wohltrainierten Studenten auf die Schulter klopfe, mag das Ausdruck meiner latenten homosexuellen Neigungen sein. Er könnte behaupten, das sei ein der «sexuellen Sphäre zugehöriges Verhalten», es sei ihm unangenehm und das subjektive Element des Tatbestands sei somit erfüllt.

Versteht man die Problemstellung hingegen rechtlich, dann richtet sich die Aufmerksamkeit auf die Beziehung zwischen Kompetenz und Eingriff. Damit stellt sich in diesem Kontext die Frage, wie weit Behörden gehen dürfen, wenn sie die Empfindungen der Opfer als eine Erfahrung von etwas

Unrechtem betrachten.[10] Gäbe es keine Grenze, wären die Eingriffe in die Freiheit der Beschuldigten schrankenlos. Die unerwünschte Anrede als «Herr» oder «Frau» wäre eine Belästigung, wenn sie von der betroffenen Person als unerwünscht erlebt würde und man davon ausgehen könnte, dass der Gebrauch einer geschlechtsspezifischen Anrede zur «sexuellen Sphäre» gehört. Die Bestimmung von Eingriffsgrenzen hängt damit also davon ab, ob sich einem subjektiven Eindruck oder idiosynkratischen Situationsinterpretationen eine objektive Deutung entgegensetzen lässt, aus der folgt, dass ein subjektiv unerwünschtes Verhalten objektiv nicht entwürdigend ist.

So könnte man der Auffassung sein, dass Komplimente zwar unerwünscht sein mögen, aber nicht entwürdigen. Wie auch? Einer Person wird zu verstehen gegeben, dass sie einem gefällt. Ob aber eine solche Deutung, die das Schöntun als unschuldig ausgibt, auch «objektiv» gilt, ist im Kontext des Rechts durch die soziale Bedeutung des Gebrauchs von Worten und Gesten bedingt. Denn es ist eben ein von Konventionen determinierter Gebrauch, an den das Recht anknüpft und mitunter verpönt. Es scheint, als müsse daher von sozial eingeübten Deutungsschemata abhängen, ob etwas als entwürdigend zu betrachten ist. Eine sexuelle Belästigung müsste daher, bevor sie rechtlich relevant sein könnte, zunächst aufgrund sozialer Regeln als entwürdigend gelten, denn sonst könnte sie in den Augen des Rechts nicht entwürdigend sein. Regeln dieser Art sind im Recht immer dann relevant, wenn es um «Sitten» geht, etwa um die «Verkehrssitte». Im Fall von sexuellen Belästigungen müsste somit auf den «üblichen Umgang» im Kreis von «Kolleg*innen» abgestellt werden.

---

[10] In die letztere Richtung tendiert Mazal, ecolex 2009, 460.

· ⚔ ·

Indessen helfen die Sitten in diesem Zusammenhang nicht weiter, weil durch den Schutz vor sexueller Belästigung die etablierten Sitten *grundsätzlich* in Frage gestellt werden. Aus der Sicht des Schutzes vor sexueller Belästigung gelten unsere herkömmlichen Umgangsformen als immer schon sexistisch kontaminiert. Das Anstarren, taxierende Blicke, die Zote, die anzügliche Bemerkung oder das Hinterherpfeifen galten bislang zwar als frech und nicht gerade höflich, aber dennoch als «normales» männliches Verhalten. Nunmehr sollen sie als sexuelle Belästigung verpönt sein, ohne dass aber der gesetzliche Tatbestand uns Hinweise darauf gibt, was eigentlich unter ihn fällt. Genau zu wissen scheinen das freilich diejenigen, die für Ombudsstellen oder Gleichbehandlungsarbeitskreise Broschüren produzieren, in denen es an Beispielen nicht mangelt, etwa «wiederholtes, sexistisch motiviertes Anstarren, herabwürdigende, provozierende Gesten, Zeigen oder Aufhängen von sexistischem/pornografischem Bildmaterial, unerwünschte Geschenke.»[11] Sie wissen, dass dieses Verhalten entwürdigt, weil sie die Perspektive der Opfer einnehmen, denen die Umgangsformen bislang keine oder nur eine ungenügende Stimme gegeben haben.[12]

Daher lässt sich zur Bestimmung des entwürdigenden Charakters eines Verhaltens nicht aus Konventionen schöpfen. Vielmehr muss zur Korrektur solcher Konventionen verschiedentlich auf die Wahrnehmung der Opfer rekurriert werden,

---

[11] So die Informationsbroschüre des Arbeitskreises für Gleichbehandlung an der Universität Wien.

[12] Solches Wissen tritt mit dem Anspruch auf wissenschaftliche Expertise auf und materialisiert sich in Ratgebern, in denen die Betroffenen darin bestärkt werden, auf ihre Gefühle zu achten. Siehe etwa Sara Hassan – Juliette Sanchez-Lambert, *Grauzonen gibt es nicht: Muster sexueller Belästigung mit dem Red Flag System erkennen*, dt. Wien 2020.

die etwas als entwürdigend empfinden. Im Extremfall könnte jede mit dem Geschlecht oder der Sexualität in Verbindung stehende Äußerung oder Geste als «belästigend» empfunden werden. Dies nicht zuletzt deswegen, weil Geschlecht und Sexualität überhaupt dort zu einem Thema gemacht werden, wo sie nicht hingehören, nämlich im Kontext des Arbeitsplatzes. Der alte weiße Mann hält einer jungen Frau die Tür auf und überlässt ihr den Vortritt. Er würde dies nicht tun, wenn er nicht auf ihr Geschlecht achtete. Der alte weiße Mann gibt einer jungen Frau zu verstehen, dass sie in ihrem Kleid gut aussehe. Sie empfindet dies als Anmache.

Wenn dieser Befund zutrifft, dann ist es um die soziale Objektivierung der Entwürdigung schlecht bestellt. Damit entfällt aber auch die Eingriffsschranke. Das situative moralische Urteil tritt an die Stelle des Rechts.

Doch diese Schlussfolgerung mag voreilig erscheinen. Wenn die Sitten nicht relevant sein dürfen, weil sie selbst im sexistischen Sumpf gedeihen, dann könnte man mittels einer anderen gedanklichen Operation, die sich im Recht ebenfalls großer Beliebtheit erfreut, normative Maßstäbe entwickeln (und insofern «gesetzgebend» sein).

Ob ein Verhalten entwürdigend ist, ließe sich «objektiv» aus der Sicht einer «vernünftigen Person», einem «gewöhnlichen Teilnehmer am wirtschaftlichen Verkehr» oder anderen Idealtypen der Tugendhaftigkeit beurteilen. Solchen idealisierten Figuren wird unterstellt, über den Habitus und die entsprechende Sensibilität zu verfügen, die sie situationsangemessen das Richtige tun lassen. Was es praktisch bedeutet, diese Position einzunehmen, ist nicht so leicht zu rekonstruieren, wird aber gewiss mit der «erweiterten Denkungsart» zu tun haben, die einem in Kants Kritik der Urteilskraft begegnet.¹³ Sie steht für die Anstrengung, die Perspektiven unterschiedlicher Personen zusammenzudenken.¹⁴ Im Ergebnis erhielte man so etwas wie eine reformierte Konventionsbildung, die auf das Urteil einer idealtypisch aufgeklärt urteilenden Person zurück geht.

Allerdings ist zu befürchten, dass die erweiterte Denkungsart in dem uns interessierenden Fall dem Muster jenes moralischen Urteils folgt, das der Form der Moral unserer Zeit genügt. Der Grund liegt in der Unsicherheit darüber, ob nicht eine mangelnde Übereinstimmung mit dem Eindruck des Opfers den Einfluss von verpönten, sexistisch kontaminierten Vorurteilen indiziert. Gegen die Behauptung eines Opfers, ein Blick, eine Geste oder ein Wort sei sexuell entwürdigend gewesen, werden schwer Menschen auftreten, die sich unsicher sind, ob das denn stimme, denn ihre Unsicherheit könnte schon als ein Indiz dafür gedeutet werden, dass sie kraft obwaltender Konventionen an falschem Bewusstsein leiden. Also wird es kein Für und Wider geben, auch nicht *foro interno*. Sachliche Diskussionen wird es auch deswegen nicht geben, weil Konventionen des schicklichen Verhaltens nicht von Kriterien abhängen, sondern sozial einfach mit einer Bedeutung besetzt werden. Meine Friseurin nennt mich «Oida» und findet nichts dabei. Sie lebt nach anderen Konventionen als ich. Gegen «Oida» lässt sich *per se* nichts einwenden, es kann als Wiener Äquivalent für das amerikanische «pal» gelten. Natürlich schillert es, denn es kann auch «Alter» heißen. Aber was wäre objektiv unrichtig daran, einen 59-jährigen Mann als «Alten» zu bezeichnen? Damit würde doch bloß benannt werden, was er ist?

---

[13] Siehe Immanuel Kant, *Kritik der Urteilskraft*, hrsg. v. H. Klemme, Hamburg 2009, 175 (B 158).

[14] Siehe dazu Ernst Vollrath, *Die Rekonstruktion der politischen Urteilskraft*, Stuttgart 1977, 153.

Ich könnte mich nun auf die Seite derer schlagen, die meinen, die Bestimmung der herabwürdigenden («diskriminierenden») Bedeutung von Haltungen und Gesten solle den Opfern überlassen werden. Unlängst behauptete der Vorsitzende der jüdischen Hochschülerschaft, das Urteil darüber, ob etwas antisemitisch sei, müsse den Vertretern jüdischer Organisationen überlassen bleiben. Ich könnte mich meiner Friseurin gegenüber auf einen ähnlichen Standpunkt berufen und ihr sagen, ich fühle mich durch die Anrede «diskriminiert». Natürlich sollte ich Implikationen bedenken, die ich anzuerkennen hätte. Wie wäre es, wenn ich behauptete, dass ich Lisa Eckhart nicht ernst nehme, weil sie zu jung ist? Hätte ich sie aufgrund ihres Alters «diskriminiert»? Wie wäre es, wenn ich sagte, sie missfalle mir? Wäre das herabwürdigend? Ich fürchte, wir müssten Frau Eckhart fragen, um das herausfinden. Sie wäre, wenn sie darauf Wert legte, in der Lage, sich durch eine Kränkungskundgabe an mir zu rächen.

Denn die Bestimmung der Verletzung durch das Opfer ist eine Form der Rache (siehe oben S. 54). Sie folgt ihrer Logik. Sie ist vom Ansatz her exzessiv und kann nur mit einem reziproken Exzess beantwortet werden.

Im Vergleich dazu versprechen der Rekurs auf oder die Konstruktion von Konventionen so etwas wie eine zivilisierende Kraft zu entfalten. Gleich der Urfehde bannen sie den Kreislauf der Rache.

Symbolische Konventionen entstehen, weil etwas als cool oder uncool, als anerkennend oder beleidigend gilt. Zu ihrer Entstehung bedarf es des Chores, der «wow» oder «buh» schreit (siehe oben S. 49). Keine Solistin und kein Solist vermag es, eine Konvention einzuführen. Das moralische Urteil unserer Zeit basiert auf verschiedensten Chorgesängen oder wenigstens auf dem Schweigen der Ängstlichen, die den Gesang dulden, weil sie fürchten, durch Widerspruch ihr falsches Bewusstsein zu demonstrieren. Das ist normales Publikumsverhalten. Es manifestiert sich auch im Kontext des Geschmacks, wenn alle stumm darauf warten, bis der *arbiter elegantiarum* gesprochen hat.

Daran zeigt sich abermals, dass die Moral unserer Zeit nicht kognitivistisch ist. Wer einen Einwand vorträgt, kann damit recht haben oder nicht. So sieht das der moralische Kognitivismus. Die Moral unserer Zeit sieht aber in einem Einwand ein Anzeichen für eine schlechte moralische Haltung. Einen Einwand zu erheben, gilt als moralisch falsch. Es ist ein moralisch schlechter Akt. Daher gibt es keine Einwände. Es gibt nur den Chor.

Es ist bereits gesagt worden, dass es bei der Bekämpfung von sexueller Belästigung um die Korrektur von Konventionen gehen muss. Diejenigen, die in Konventionen stecken, werden von der Entwicklung überrascht sein, welche die Auslegungen annehmen, um die notwendige Verhaltenskorrektur anstoßen zu können. Sie werden überrascht sein, weil a priori nicht klar sein kann, was erlaubt ist und was nicht. Den Anstoß für die Korrektur gibt die Wehklage des Opfers. Sie lässt uns Entwürdigung sehen, wo wir bislang nichts gesehen haben. Die Sicht des Opfers wird durch das objektive Element des Tatbestands («entwürdigend») ergänzt, das allerdings die Form der Moral unserer Zeit hat. Dem subjektiven Bestandteil des Tatbestands wird sich also wenig bis gar kein Widerstand bieten. Das Recht dankt ab. Die Moral zieht ein.

Moral als Bosheit

· ⚔ ·

Aus der Sicht der potenziellen Täter wird damit schwer vorhersehbar, was als sexuelle Belästigung gilt und was nicht. Also werden jene, die notorisch verdächtigt werden, wenn sie klug sind und sich zurückhalten können, vorsichtig werden. Sie werden Selbstzensur üben. Diese ist ein besonders effektives Mittel der sozialen Kontrolle, weil die Betroffenen angesichts von Unsicherheit, ob etwas sein darf oder nicht, restriktiver sein werden, als die äußere Autorität es zu sein wagen würde. Deswegen versichern alte weiße Männer einander heute kopfnickend wechselseitig, dass es ein sexueller Übergriff wäre, eine Frau zu dem Aussehen des Kleides, das sie trägt, zu beglückwünschen. Vielleicht ist dieser «chilling effect» beabsichtigt. Jedenfalls führt es zu einem Phänomen, dem Hegel in seiner Moralitätskritik bereits auf der Spur war.[15] Wer aus Furcht vor sozialer Ächtung moralisch urteilt, folgt nicht dem moralischen Gebot. Er gibt bloß vor, moralisch zu urteilen. Er heuchelt. Zur Heuchelei zu greifen, ist aber aus Gründen der Klugheit unumgänglich, wenn die moralischen Standards formal und unbestimmt sind. Die aufgeklärte Moral unterminiert sich selbst. Sie wird zu einem System der Heuchelei, in dessen Kontext sich im Urteil des einen die Furcht vor dem Urteil des anderen spiegelt.

Darüber hinaus unterwandert die heuchlerische Moralität auch die Legalität des Verhaltens.[16]

---

[15] Siehe G.W.F. Hegel, G.W.F. Hegel, Phänomenologie des Geistes, *Werke in zwanzig Bänden*, hrsg. v. E. Moldenhauer – K.M. Michel, Frankfurt/Main 1969–1971, Bd. 3, 458–459. Siehe dazu auch unten S. 158–160.

[16] Die heuchlerische Bestimmung von Verhaltensstandards lässt sich als degenerierte und invertierte Form des Rechtsverhältnisses begreifen. In einem Rechtsverhältnis stellt der eine das eigene moralische Urteil zurück, um der Bestimmung eines anderen Raum zu geben. Diese Be-

Sie tut dies auf zweierlei Weise.

Erstens beginnt das Rechtssystem, die Adressaten zu erziehen. Sie müssen sich in die Gedankenwelt der «Administrator*innen» des Systems der Verhaltenskorrektur versetzen und Hypothesen darüber entwickeln, welche Aussagen, Gesten oder Handlungen von ihnen, nachdem sie den Opfern zugehört haben, als Belästigung empfunden würden. Sie werden diese Haltung internalisiert haben müssen, um ungestraft über die Runden zu kommen. Wer lange genug internalisiert hat, der beginnt dem Internalisierten Autorität zuzuschreiben und sich entweder schuldig zu fühlen, wenn er sich weiterhin innerlich davon distanziert, oder aber daran zu zweifeln, ob diese Distanz berechtigt ist. Das ist eines der schmutzigen Geheimnisse der Funktionsweise unseres Geistes.

Es kommt daher auch nicht von ungefähr, dass die Bekämpfung von sexueller Belästigung nicht so sehr auf die legale Befolgung von Regeln vertraut, sondern auf eine Abrichtung durch Training. Ein solches Training, das nach meiner eigenen Erfahrung auch online absolviert werden kann,[17] konfrontiert die Trainees mit hypothetischen Beispielen und fordert sie auf, die vorgestellten Situationen zu bewerten oder die angemessene Reaktion auf sie auszuwählen. Die Trainees werden dadurch in eben jene Lage gebracht, in der sie verunsichert erraten müssen, was die «Administra-

---

stimmung ist eine Entscheidung. Im Kontext der Heuchelei bestimmt der eine seinen Verhaltensstandard in Antizipation des moralischen Urteils des anderen. Das schließt im Vergleich zum Rechtsverhältnis eine Degeneration der zweistelligen Relation in eine einstellige ein, weil die Setzung des Verhaltensstandards durch den anderen entfällt. Eine Inversion liegt insofern vor, als der Überstieg von der Moral zum Recht nicht stattfindet, sondern vielmehr die Heuchelei zur Form des moralischen Urteils wird. Das Ergebnis gilt als entdeckt und nicht als gesetzt.

[17] So zumindest an der Princeton University.

tor*innen» des Tests von ihnen erwarten. In diesem Kontext bewährt es sich, wenn man alles, was einem selbst relativ harmlos dünkt, als Verfehlung erachtet und vor keiner Denunziation von «Arbeitskolleg*innen» zurückschreckt. Der Effekt des Tests ist es also, den Druck zur Selbstzensur zu verstärken. Außerdem ist das Training die beste Strategie, die Regulierung durch die Implementierung zu überholen. Die Anwendung der Regel geht der Regel voraus.

Zweitens verdrängt in diesem Zusammenhang die moralisch inhaltliche Dimension die Relation von Kompetenz und Eingriffsgrenze. Wie weit sollen denn die «Administrator*innen» die Kompetenz haben, den Begriff der sexuellen Belästigung von Fall zu Fall festzulegen? Gehörten solche Festlegungen nicht in ein politisches Forum? Diese Frage stellt sich nicht mehr. Es gibt doch «Expert*innen». Außerdem wäre zu erörtern, ob angesichts des Eingriffs in die Freiheit derer, die als «Täter*innen» verdächtigt werden, nicht wesentlich ist, Vieldeutigkeit in Betracht zu ziehen und diese gewähren zu lassen. Aber die Moral hat keine Geduld mit Changierendem oder mit der Zweideutigkeit.[18] Unser soziales Leben ist damit freilich durchsetzt. Es verleiht ihm – buh! Was für ein typisch alt-weiß-männlicher Gedanke! – eine gewisse Süße. Auch gibt es echte oder vermeintliche Fehlleistungen und Akte, über die objektiv unklar ist, ob sie einen sexuellen Subtext kommunizieren. Mir ist es unlängst passiert, meiner Assistentin gesagt zu haben, wir sollten bei einem Verlag veröffentlichen, der ein Buch mit dem Titel «Vögeln ist schön» publiziert hat. Es handelte sich dabei um das Werk einer Alt-Achtundsechzigerin, die unter anderem

---

[18] Siehe das oben in Anm. 12 zitierte Werk. Zum Verlust der «Ambiguitätstoleranz» siehe Thomas Bauer, *Die Vereindeutigung der Welt: Über den Verlust an Mehrdeutigkeit und Vielfalt*, 4. Aufl. Stuttgart 2018, 16, 30, 38, 90.

gegen die Sexualfeindlichkeit der heutigen «Linken» rebelliert.[19] Was ist mir denn da passiert? Das grenzte schon an eine Nötigung. Meine Assistentin hätte mich sofort ans Schafott liefern können.

Unter dem Vorzeichen der Eingriffsabwehr ließen sich dem Ambivalenten und der Mehrdeutigkeit Schutz gewähren.

· ⚔ ·

Der Schutz vor sexueller Belästigung zielt darauf ab, dass die Männer den Frauen mit einer respektvollen Haltung begegnen. Andere dazu zu bewegen, gute Haltungen auszubilden, bedeutet nichts anderes, als sie zu erziehen. Diese Erziehung funktioniert umso besser, je tiefer die Unsicherheit über die Verhängung einer Sanktion und der damit verbundenen sozialen Ächtung den Zöglingen ein Über-Ich einsetzt, das sie zur Selbstzensur zwingt.

Nach Aristoteles ist die Erziehung der Prozess, wodurch wir uns an Handlungen gewöhnen und damit die Einstellung annehmen, aufgrund derer diese Handlungen freiwillig ausgeführt werden.[20] Da Erziehung nicht notwendig wäre, wenn es ausreichte, an die Einsicht der Zöglinge zu appellieren, bedarf sie der Unterstützung durch Sanktionen und Anreize. Das äußerliche Einwirken auf den Handelnden ist für die Erziehung essenziell. Das Recht verleiht den äußerlichen Mitteln, mit denen Kinder erzogen werden (durch Sanktionen wie Liebesentzug, Ermahnung, Beschämung etc.), eine über die Kindheit hinausgehende Relevanz (allerdings durch Sanktionen wie Geld- und Haftstrafen).

---

[19] Siehe Ulrike Heider, *Vögeln ist schön: Die Sexrevolte von 1968 und was von ihr bleibt*, Berlin 2014.
[20] Siehe Aristoteles, *Nikomachische Ethik*, übers. v. O. Gigon, München 1971, 81 (1103a 30–1103b 3).

Es ist einerlei, ob das Recht konventionell auf traditionelle Tugenden (wie Ehrliebe, Großzügigkeit, Tapferkeit oder Wohlwollen) oder postkonventionell auf die Haltung universellen unparteilichen Respekts (Achtung anderer unabhängig von ihrer Herkunft, ihrem Glauben oder ihrem Geschlecht) abzielt. Denn in seiner erzieherischen Funktion zielt es darauf ab, die Menschen durch die äußerliche Veranlassung von gutem Verhalten innerlich tugendhaft zu machen (oder umgekehrt dem Verderben ihres Charakters vorzubeugen). Wie bei der familiären Erziehung sollen durch Strafe und Anreize gelungene («gute») Menschen geschaffen werden.

Dem Recht eine solche Funktion zuzubilligen, ist sinnvoll, wenn man meint, dass das gedeihliche menschliche Zusammenleben moralisch gute Menschen voraussetzt. Das war von der Antike bis ins Mittelalter eine allseits gemachte Unterstellung.[21]

Mit der Renaissance und in der Moderne wird das anders. Schon Niccolò Machiavelli sieht das Wohlergehen des Gemeinwesens vom moralisch skrupellosen Geschick eines populistischen Führers abhängig, der das Wohl seiner Untertanen durch politische Winkelzüge befördert, die seiner eigenen Machtsteigerung – und damit der Macht des Gemeinwesens – dienen.[22] Nach Bernard Mandevilles berühmter Bienenfabel befördert gerade das individuelle Laster – das eigennützige Verhalten – das Gemeinwohl («Wenn jeder an sich selbst denkt, ist an alle gedacht»).[23]

---

[21] Siehe Christoph Menke, *Kritik der Rechte*, Berlin 2015, 67–70.
[22] Siehe Niccolò Machiavelli, *Il Principe/Der Fürst*, hrsg. P. Rippel, Stuttgart 1986.
[23] Siehe Bernard Mandeville, *Die Bienenfabel*, Frankfurt/Main 1980.

· ✗ ·

Vertreter des klassischen deutschen Liberalismus lehnen es ab, dem Recht eine erziehende Funktion zuzubilligen. Humboldt ist wie Kant davon überzeugt, dass das Recht nicht mehr als die bloße Legalität des Verhaltens fordern dürfe. Man müsse sich an Vorgaben halten.[24] Ob man die Vorgaben für gut oder schlecht halte, sei unerheblich. Ebenso sei einerlei, ob die «Schuldner*innen» ihre Schulden freudig und pflichtbewusst begleichen oder nicht. Die Menschen, die in einer Rechtsbeziehung stehen, wirken äußerlich aufeinander ein. Keiner müsse versuchen, den anderen zu verstehen oder zu überzeugen (das wäre die «innerliche» Einwirkung). Selbst wenn das Recht Haltungs- und Tugendbeweise erzwingen wollte, würde es bloß Heuchelei ernten.

Die Legalität des Verhaltens zu verlangen ist, wie eingangs ausgeführt worden ist, vernünftig. Es ist Ausdruck der Umorientierung der Verhaltensorientierung von Überzeugungen zu Entscheidungen. Die Orientierung an Entscheidungen ist jedenfalls dann vernünftig, wenn etwas festgelegt werden muss und es unvernünftig wäre, moralisches Einvernehmen zu erwarten. Sie ist der Weg, die praktische Vernunft angesichts inhaltlicher Kontroversen zu erhalten.

· ✗ ·

Ob ein Verhalten als sexuelle Belästigung gilt oder nicht, muss kontrovers beurteilt werden, weil die schützende Norm darauf abstellt, bestehende Verhaltenskonventionen zu korrigieren. Unweigerlich werden die «Teilnehmer*innen» an Aus-

---

[24] Siehe Wilhelm von Humboldt, *Ideen zu einem Versuch, die Grenzen der Wirksamkeit des Staates zu bestimmen*, Stuttgart 1967, 42, 72. Immanuel Kant, *Metaphysische Anfangsgründe der Rechtslehre*, hrsg. v. B. Ludwig, Hamburg 1986, 18, 29.

einandersetzungen darüber, was verpönt sein soll, einander mit unterschiedlichen Sichtweisen konfrontieren, in denen sich unterschiedliche soziale Positionen und damit verbundene Erfahrungen reflektieren. Also muss darüber entschieden werden, was gelten soll.

Wenn bei der Festlegung des Tatbestands aber eben eine solche Entscheidung vermieden wird und eine genauere Bestimmung des verpönten Verhaltens unterbleibt, dann führt die sozialpsychologische Dynamik dieses Rechtsinstituts dazu, dass bei der Bestimmung des objektiven Tatbestandsmerkmals, um es mit Nietzsche auszudrücken, Ressentiments und Herdeninstinkte zusammenwirken. Die Bestimmung wird vollzogen, indem das ängstliche Schweigen die auffahrende Empörung über ein Verhalten indirekt unterstützt. Die Bestimmung des Rechtsinhalts wird damit an eine Moralität delegiert, die selbst in Heuchelei umschlägt, weil sie Ausdruck der Furcht ist, man könne von den Empörten einer moralischen Fehlhaltung bezichtigt werden. Das ist weder ein Verfahren der rationalen Moralbegründung noch ein Mittel, vermöge einer Entscheidung Orientierung zu schaffen.

Ein Verbot sexueller Belästigung, das allgemein auf ein «die Würde beeinträchtigendes Verhalten» in der «sexuellen Sphäre» abstellt, ist nicht vernünftig. Es unterminiert die Autonomie der «Normadressat*innen» und ist ein Schandfleck im Rechtsstaat. Es müsste um klare, demonstrative Beispiele ergänzt werden und darf die Benennung von Beispielen nicht an die Opfer delegieren. Denn wenn es nichts entscheidet, ist es unvernünftiges Recht.

Tönender Rassismus

· ✺ ·

In der New York Times war unlängst zu lesen, dass die Anzahl von «Musiker*innen», die nicht «weiß» seien, in amerikanischen Orchestern gemessen am Umfang «nicht-weißer» Gruppen in den USA noch immer zu gering sei.[1] Diese blieben in Orchestern nach wie vor unterrepräsentiert, obwohl seit Jahrzehnten die Vorspiele für die Aufnahme ins Orchester hinter einem Paravent stattfänden, um ausschließen zu können, dass das Urteil einer Fachjury oder von Orchestermitgliedern mit Blick auf das Geschlecht oder die Gruppenzugehörigkeit der «Kandidat*innen» getrübt werde. Aus Gründen, die nicht im entscheidenden Aufnahmetest selbst liegen können, gebe es nach wie vor zu wenige «Musiker*innen», die Minderheiten angehören. Das sei falsch und müsse korrigiert werden. Der an sich gut gemeinte Paravent gehöre weg. Bei der Einstellung von «Musiker*innen» müsse gezielt auf den ethnischen Hintergrund der «Bewerber*innen» geachtet werden.

An der Diagnose und dem Vorschlag, die Situation zu verbessern, sind wenigstens zwei Prämissen bemerkenswert.

---

[1] Siehe Anthony Tommasini, To Make Orchestras More Diverse, End Blind Auditions, in: *New York Times*, 16.7.2020, https://www.nytimes.com/2020/07/16/arts/music/blind-auditions-orchestras-race.html. (10.6.2021)

Zum einen wird bemängelt, dass Maßnahmen zur Herstellung von Chancengleichheit, die sich um «Farbenblindheit» bemühen, zu kurz griffen. Woran dies liege, wird nicht weiter erörtert, aber es ist naheliegend, in dieser Situation von einer «strukturellen» Benachteiligung oder Diskriminierung auszugehen (wozu unten gleich mehr).[2] Zum anderen ist die normative Voraussetzung, die der Identifikation des Missstandes zugrunde liegt, zu bemerkenswert, als dass man sie einfach so stehen lassen dürfte. Sie lautet, dass die Besetzung von Ämtern und Positionen in Institutionen offenbar gesellschaftsweit — also nicht bloß in Repräsentativkörperschaften — proportional gemessen an der Größe von Gruppen stattzufinden habe.

Wir wollen der soziologischen und der normativen Prämisse im Folgenden auf den Grund gehen.

Wenn es zutrifft, dass das Vorspielen hinter einem Paravent tatsächlich das Geschlecht, die ethnische Zugehörigkeit oder das Aussehen der «Kandidat*innen» verbirgt, dann kann die Ursache für vergleichsweise geringere Auswahl von Angehörigen ethnischer Minderheiten nicht an dieser entscheidenden Stufe des Auswahlverfahrens liegen. Vielleicht werden Minderheits«musiker*innen» bereits im Vorfeld ausgeschieden. Träfe dies zu, müsste die Gewährleistung von Chancengleichheit bereits früher eingreifen, um Diskriminierungen zu vermeiden. Andererseits könnte sich die

---

[2] Weiter gefasst ist der unter anderem in der feministischen Theorie verwendete Begriff der «strukturellen Unterdrückung» (*oppression*). Hierbei gilt bereits als unterdrückt, wer in einem institutionellen Kontext, der sozial ungerecht ist, benachteiligt wird. Siehe Sally Haslanger, *Resisting Reality: Social Construction and Social Critique*, Oxford 2012, 315.

mangelnde Integration von «Nicht-Weißen» nicht aus einer bestimmten benachteiligten Behandlung erklären, sondern aus etwas, das man gemeinhin als «strukturelle Diskriminierung» bezeichnet. Um eine Diskriminierung dieser Art vermeiden zu können, sei der Paravent zu schwach.

Der Begriff der Diskriminierung erfreut sich gegenwärtig großer Beliebtheit und breiter Anwendung. Das mag daran liegen, dass eine gesellschaftliche Benachteiligung, insofern es sich nicht um eine Wettbewerbsverzerrung handelt, sich als «Diskriminierung» darstellen lassen muss, um überhaupt normativ relevant zu sein. Wer nicht glaubhaft machen kann, diskriminiert worden zu sein, der gilt als wirklich weniger qualifiziert als die anderen oder bestenfalls als glückslos. Die betreffende Person hat dann entweder ihren Nachteil verdient oder schlicht Pech gehabt.

Von einem Vorteil, den andere genießen, ungerechtfertigt ausgeschlossen zu sein, kann auf direkter oder indirekter Diskriminierung beruhen. Im ersten Fall wird einem Merkmal Relevanz beigemessen, obwohl es eigentlich irrelevant ist. Die schwarze Musikerin wird nicht aufgenommen, weil sie weiblich oder schwarz ist (oder beides).[3] Im zweiten Fall wird auf ein zwar sachliches («neutrales»), aber im Kontext unangemessenes Merkmal abgestellt, das in seiner Anwendung

---

[3] Zur intersectionality siehe bekanntlich Kimberlé W. Crenshaw, Demarginalizing the Intersection of Race and Sex: A Black Feminist Critique of Antidiscrimination Doctrine, Feminist Theory and Antiracist Politics, in: *University of Chicago Legal Forum* 1 (1989) 139–167. Der Begriff der «intersectionality» hat eine bedeutende Karriere in feministischen und rassismuskritischen Kreisen gemacht. Siehe etwa Haslanger, oben Anm. 2, 9. Für eine kritische Perspektive, die daran erinnert, dass der Fortschritt nach wie vor größer aussehen mag, als er wirklich ist, siehe Helen Pluckrose – James Lindsay, *Cynical Theories: How Activist Scholarship Made Everything about Race, Gender, and Identity—and Why This Harms Everybody*, Durham 2020, 123–128.

zum überproportionalen Ausschluss von Angehörigen einer bestimmten Gruppe resultiert. Die weiblichen Bewerberinnen erreichen nicht die Körpergröße, die für Feuerwehrleute gefordert ist. Die Angehörigen einer ethnischen Minderheit fallen beim Sprachtest durch, den alle Möbelpacker bestehen müssen.

Während die direkte oder indirekte Diskriminierung in der Gedankenwelt des Rechts fest verwurzelt sind, ist die «strukturelle» Diskriminierung dies nicht. Sie ist dies vor allem deshalb nicht, weil ihre Bekämpfung nicht so leicht an einen spezifischen Anspruchsgegner anknüpfen kann. Es fehlt mit anderen Worten ein «Distributionsagent», der für Diskriminierungen und deren Aufhebung plausiblerweise verantwortlich gemacht und dem daher auch die Last der Umverteilung aufgebürdet und zugemutet werden kann.[4] Dennoch ist eine strukturelle Diskriminierung vom Ansatz her nichts Mysteriöses. Sie ist, wie es in einem Menschenrechtserziehungsdokument des Europarats heißt, «based on the very way in which our society is organized»[5]. Das wird in diesem Dokument folgendermaßen präzisiert:[6]

> The system itself disadvantages certain groups of people. Structural discrimination works through norms, routines, patterns of attitudes and behaviour that create obstacles in achieving real equality or equal opportunities. [...] The challenge of structural

---

[4] Siehe dazu schon John Gardner, Liberals and Unlawful Discrimination, in: *Oxford Journal of Legal Studies* 9 (1989) 1–21.

[5] Discrimination and Intolerance, https://www.coe.int/en/web/compass/discrimination-and-intolerance. (10.6.2021) Die Begrifflichkeit ist nicht einheitlich und wirft schwierige Abgrenzungsfragen im Verhältnis zur «institutionellen Diskriminierung» auf. Siehe Mechtild Gomolla, Direkte und indirekte, institutionelle und strukturelle Diskriminierung, in: *Handbuch Diskriminierung*, hrsg. v. A. Scherr et al, Wiesbaden 2017, 133–155, hier: 148–149.

[6] Discrimination and Intolerance, oben Anm. 5.

> discrimination is to make it visible, as we often grow up with it being self-evident and unquestioned.

Mit diesem Begriff lassen sich einige historisch bekannte Situationen verbinden. Selbst wenn Frauen im Kontext von Studium und Beruf nicht benachteiligt gewesen wären, trifft es zu, dass sie durch die geschlechtsspezifische Teilung der sozialen Arbeit strukturell benachteiligt gewesen sind. Von ihnen wurde – und wird – die Übernahme der Hausarbeit und die Aufzucht des Nachwuchses erwartet. Auf eine Karriere mussten sie nolens volens verzichten. Es war dem durch Rollenbilder und sozial eingeübte Verhaltenserwartungen – also durch Strukturen – geschaffenen Kontext geschuldet, der es Frauen klug erscheinen ließ, eine berufliche Laufbahn gar nicht erst zu erwägen und der sie dazu bewog, sich aus eigenen Stücken gegen eine solche zu entscheiden. Der freiwillige Verzicht von Frauen auf eine Karriere war der systemische Effekt von normativen Strukturen. Frauen waren (und sind es schichtspezifisch heute noch) strukturell diskriminiert.

Die strukturelle Diskriminierung ist ein weit verbreitetes Phänomen. Sie lässt sich auch dort verorten, wo keine Gruppe im Spiel ist, die notorisch sozial benachteiligt ist. Diejenigen, die Produkte für den Weltmarkt produzieren, sind gegenüber denen benachteiligt, die bloß eine nationale Nachfrage bedienen, denn sie müssen die Eigenschaften ihrer Produkte an unterschiedliche nationale Produktstandards anpassen. Das verursacht zusätzlichen Aufwand. Dass eine solche Benachteiligung auftreten kann, ist ein systemischer Effekt der Koexistenz von politisch unabhängigen Staaten. Jeder Staat darf vorschreiben, was er will. Eine Benachteiligung ausländischer Produzenten mag nicht beabsichtigt sein. Dennoch sind sie strukturell diskriminiert.

Lässt sich unter diesem Vorzeichen die «Unterrepräsentation» von Angehörigen ethnischer Minderheiten in Orchestern als strukturelle Diskriminierung deuten? Es wäre die einzige Möglichkeit, die verbliebe, einen Diskriminierungsvorwurf zu erheben, wenn man davon ausgehen könnte, dass im Auswahlverfahren – nicht zuletzt wegen des Paravents – eine direkte Diskriminierung nicht stattfindet. Allerdings ließe sich die Diskriminierung wegen tief verwurzelter sozialer Erwartungsstrukturen und ungleich verteilter Chancen auch nur dann rügen, wenn vom weitgehenden Fehlen von Minderheitsangehörigen nicht darauf geschlossen werden müsste, dass diese auch unter günstigen Umständen keinen oder nur geringen Wert darauf legen würden, klassische Musik zu spielen oder sich als Orchestermitglieder zu verdingen.

Die Anwendung des Begriffs der strukturellen Diskriminierung setzt somit eine Verquickung von Freiwilligkeit und Unfreiwilligkeit voraus.[7] Die Diskriminierungsopfer entscheiden sich für ein Verhalten angesichts von Vorgaben, die von ihnen weder ausgewählt worden noch beeinflussbar sind. Die Vorgaben veranlassen sie zu einer Wahl, die ihnen rational erscheint. Aufgrund dieser Wahl landen sie in einer sozial benachteiligten Position. Die Frauen leisten unbezahlte Haushaltsarbeit, weil eine berufliche Laufbahn für sie keine realistische Option ist. Die ausländischen Produzenten setzen weniger Produkte ab, weil sie wegen der Produktionskosten ihre Waren oder Leistungen nicht im Inland anbieten.

Das ist aber bloß eine notwendige Bedingung für strukturelle Diskriminierung. Eine andere notwendige Bedingung muss noch hinzutreten. Sie ist kontrafaktischer Art und be-

---

[7] Es ist bereits oben in Anm 2. erwähnt worden, dass der Begriff der «strukturellen Unterdrückung» weiter ist.

sagt, dass die Diskriminierungsopfer, welche die Umstände ihrer Wahl nicht gewählt haben, unter anderen, günstigeren Umständen erkannt hätten, dass etwas anderes wünschenswerter gewesen wäre als das, wofür sie sich entschieden haben. Es wäre ihnen auch vor Augen gestanden, dass es realisierbar ist.

An diesem Punkt gilt es, präzise zu sein, vor allem im Hinblick auf das, was zu den günstigen oder ungünstigen Umständen gezählt wird. Menschen, die wegen ihres geringen Einkommens auf Luxusgüter verzichten, passen ihren Konsum an ihre soziale Klasse an. Das ist rationales Verhalten. Wenn sie mehr Geld hätten, würden sie vielleicht anders leben. Sollten sie auf die eine oder andere Art über ihre Verhältnisse leben, würden sie irgendwann die rechtlichen Konsequenzen zu spüren bekommen.

Sie fallen einer ungerechten sozialen Ungleichheit zum Opfer, wenn die Lage ihre Klasse nicht zu rechtfertigen ist. Allerdings ist es fraglich, ob ihr frugaler Lebensstil auch als strukturelle Diskriminierung zu begreifen ist. Ohne Zweifel kann eine soziale Benachteiligung – der Mangel an Ressourcen wie einem selbständigen Einkommen, komfortablem Wohnraum, Muße, Geld oder das Vorhandensein von inneren Hindernissen wie das Gefühl, in gewissen «Kreisen» fehl am Platz zu sein, oder mangelndes Selbstvertrauen – zu Fehleinschätzungen der eigenen Möglichkeiten führen. Dennoch besteht die Gefahr, dass der Begriff der strukturellen Diskriminierung überdehnt würde, wenn man sozio-ökonomisch Benachteiligte ohne Weiteres und ohne Bezug auf den systemischen Effekt sozialer Erwartungen als Diskriminierungsopfer betrachtete. Aus dem Blick geriete der Bezug zu sozial geteilten Haltungen, die in diesen Erwartungen zum

Ausdruck kommen. Der Reiz des Begriffs dürfte doch eben genau darin liegen, dass, wer struktureller Diskriminierung zum Opfer fällt, freiwillig Möglichkeiten nicht ergreift, obwohl sie ihm oder ihr an sich offen gestanden wären. Die Menschen entscheiden sich dagegen, weil die sozial geteilten Erwartungen es ihnen unangebracht oder inopportun erscheinen lassen, sie zu ergreifen. Der Kontrabass ist nichts für Mädchen. Solche Erwartungen und eventuell auch die eine oder andere rechtliche Hürde, die an sich zu bewältigen wäre (wie etwa besondere Zulassungsverfahren), geben über eine strukturelle Diskriminierung den Ausschlag. Aus ihnen erklärt sich, wie soziale Strukturen auf den Willen wirken und zu einer letztlich selbst verhängten Benachteiligung führen.

Wenn strukturelle Diskriminierungen wirken, kann tatsächlich der Eindruck entstehen, unser musikalischer Geschmack sei sexistisch oder rassistisch, weil der Paravant zwar das Geschlecht, aber nicht die damit verbundenen Entwicklungsnachteile und inneren Hemmnisse ausblendet. Dieses Paradoxon habe ich einmal folgendermaßen charakterisiert:[8]

> If an orchestra, after holding screened auditions, were still only to hire men rather than women for the position of violinists, the deontological perspective would be inclined to release the orchestra of all redistributive responsibilities. There would be a good reason. Men appear to play better. However, if the proportional representation of women were the norm, it would have been established, normatively, that the orchestra's hiring committee is captive of a sexist bias of appreciating musical performances. Remarkably, the extensional 'but for' test would indirectly warrant the same conclusion.

Der Rassismus hätte, so gesehen, seinen eigenen Klang.

---

[8] Alexander Somek, *Engineering Equality: An Essay on European Antidiscrimination Law*, Oxford 2011, 132.

Die entscheidende Frage ist allerdings, wie die sozialen Erwartungen beschaffen sein müssten, um eine strukturelle Diskriminierung auszuschließen. Sie müssten wohl dergestalt sein, dass jeder zuversichtlich davon ausgehen könnte, dass jeder Person jede Option offensteht. Am besten bringt das das amerikanische «You can be anything you want to be» zum Ausdruck. Was man sich antäte, wenn man dieses Motto zur Lebensmaxime erhöbe, ist eine andere Frage. Jedenfalls würden unter dieser Voraussetzung die African-Americans und die Hispanics wie alle anderen auch die Freiheit haben, ein Instrument zu erlernen und «Orchestermusiker*in» zu werden. Ganz ohne eine gerechte Ressourcenverteilung vorauszusetzen, würde auch das nicht funktionieren. Die sozioökonomischen Verhältnisse müssten so beschaffen sein, dass die Angehörigen von Minderheiten sich ein Instrument und den Unterricht leisten könnten. Wenn all diese günstigen Umstände vorhanden wären, dann wäre eine proportionale Repräsentation von Gruppen das Ergebnis. Das dürfte zumindest die Idee sein, die hinter der Rüge steht, die Angehörigen von Minderheiten seien unterrepräsentiert.

Aber das ist ein Non-Sequitur aus wenigstens drei Gründen.

Erstens ist es plausibel davon auszugehen, dass die Angehörigen von benachteiligten Minderheiten einen starken sozialen Aufstiegshunger haben. Nun ist die Karriere als Musiker hart und steinig. Die Wahrscheinlichkeit, ein wohlbestalltes Orchestermitglied zu werden, ist äußerst gering. Warum sollte, wer den sozialen Aufstieg will, sich gerade dafür entscheiden? Es ist also nicht zu erwarten, dass die Aufstiegshungrigen diese Option in demselben Ausmaß wie die Angehörigen der weißen Mittelschicht ins Auge fassen.

Zweitens ist zu bedenken, dass kulturelle Unterschiede die Präferenzen von Individuen beeinflussen. Die klassische Musik ist eine sehr «weiße» Angelegenheit, die ihre Ursprünge in der Kirche und in den Höfen der Aristokratie hat. Es kann sein, dass sie die Angehörigen von Minderheitenkulturen nicht anspricht oder schlicht langweilt.[9]

Drittens ist zu erwarten, dass manche Angehörige einer Minderheitenkultur wegen ihrer besonderen Affinität zur traditionellen europäischen Musik – wie die Asiaten – besonders erfolgreich wären.

Selbst unter günstigen Umständen könnte daher nicht ausgemacht sein, dass alle als relevant erachteten Gruppen der Gesellschaft verhältnismäßig repräsentiert wären.

Um den Inhalt des Vorschlags, man solle auf proportionale Repräsentation hinarbeiten, richtig einschätzen zu können, sollte auch eine Gegenprobe durchgeführt werden. Wie müsste eine Gesellschaft organisiert sein, in welcher Gruppenquoten erfüllt werden könnten? Die Gesellschaft müsste wohl relativ straff organisiert sein und die sozialen Gruppen sich nicht bloß dadurch auszeichnen, eine «Kultur» oder einen Lebensstil zu teilen.[10] Eine Assoziation kraft bloßer Ähnlichkeit des Betragens wäre zu wenig. Denn es müsste gewährleistet sein, dass die Gruppe periodisch ihr Kontingent an Repräsentanten «ablieferte». Dazu bedürfte es einer Organisation. Vor allem müssten irgendwelche Klassifikationssysteme entwickelt werden, um Menschen bestimmten Gruppen zuzuordnen und ebenso Verfahren, in denen diese Zuordnungen vollzogen und notfalls auch angefochten werden

---

[9] Zu diesem Argument siehe Brain Barry, *Culture and Equality: An Egalitarian Critique of Multiculturalism,* Cambridge, Mass. 2001, 98.

[10] Siehe dazu Iris Marion Young, *Justice and the Politics of Difference,* Princeton 1990, 43: «A social group is a collective person differentiated from at least one other form by cultural forms, practices or a way of life.»

könnten.[11] Nun müsste die Auswahl von Repräsentanten nicht zwangsläufig auf Zwangsrekrutierung basieren, sondern könnte auch durch Förderungsprogramme geschehen. Der Sinn solcher Programme würde in der Schaffung eines spontan nicht vorhandenen Anreizes bestehen, um ein Ziel zu erreichen, von dem man ursprünglich angenommen hatte, es würde sich spontan ergeben, wenn die Chancen gleich verteilt und kulturelle Barrieren niedergerissen worden wären. Erstaunlicherweise müsste die Gruppenidentität – die «Kultur» – selbst als eine der Barrieren betrachtet werden, die es zu überwinden gilt. Denn angesichts der Begeisterung, die unter Menschen asiatischer Herkunft für europäische klassische Musik herrscht, müssten bei Menschen aus anderen Kulturkreisen – weißen Durchschnittsamerikanern zum Beispiel – größere Anstrengungen unternommen werden, um ein adäquates Sample generieren zu können.

Angesichts von kulturell geprägten Unterschieden wäre überdies zu befürchten, dass die Qualität der ausgewählten «Musiker*innen» gruppenspezifisch variieren würde. Innerhalb von Orchestern würde das zu einem Problem führen, weil die schlechter Spielenden einen negativen Einfluss auf die gemeinsame Leistung des Ensembles hätten. Gruppenspezifische Animositäten wären die Folge. Das Inklusionsziel würde verfehlt.

Damit stellt sich die Frage, ob es wirklich schlimm wäre, wenn sich «Asiaten» und «Weiße» in der klassischen Musik «clustern», solange ein solches Clustern nicht Ausdruck einer sozio-ökonomischen Dominanz, sondern einer kulturspezifischen Wertschätzung wäre. Es ist schwer zu sagen, was daran schlimm sein sollte. Daran erkennt man aber, dass eine

---

[11] Siehe dazu auch die klugen Beobachtungen bei Slavoj Žižek, *Ein Plädoyer für die Intoleranz*, dt. Wien 1998, 58–59.

Entkoppelung von Gruppenrepräsentation und sozio-ökonomischer Basis nicht sinnvoll ist. In einer Gesellschaft, in der kulturelle Leistungen keinen Zugang zu Vermögen, Macht und Prestige vermitteln, könnte man «all white orchestras» unterhalten, ohne dass irgendjemand Grund hätte, sich darüber zu kränken.

«Kränkung» ist das Stichwort, das unsere weiteren Überlegungen einleitet, und wir können uns deren Relevanz vergegenwärtigen, indem wir uns die Bedeutung des Karriereerfolgs und der Repräsentanz von «Gruppen» vor Augen halten. In diesem Zusammenhang stellt sich nämlich die Frage, weshalb es überhaupt zu einer normativen Forderung werden kann, dass sich in der Besetzung von Institutionen die gruppenspezifische Komposition der Gesellschaft abbilden soll.

Iris Marion Young ist für die These berühmt und wohl auch berüchtigt geworden, dass gesellschaftliche Positionen möglichst gruppenproportional zu vergeben seien, weil nur dies die reale Gleichheit von Gruppenangehörigen gewährleiste.[12] Auf die Qualifikationen solle es zumindest nicht primär ankommen. Was auch immer von diesem Vorschlag zu halten sein mag (und ob seine Umsetzung das Vertrauen in «Quotenärzt*innen» aller Art stärken würde), ist eine Sache; eine andere Sache ist es, seine Bedeutung zu verstehen. Wenn man die beiden hier relevanten Prinzipien, nämlich individuelle Qualifikation und Gruppenzugehörigkeit, gegenüberstellt, dann bedeutet es, dass es von größerer Wichtigkeit ist, die gruppenspezifische Zusammensetzung der Gesellschaft institutionell widerzuspiegeln als die besten Talente zu nutzen.

---

[12] Siehe Young, oben Anm. 10, 173–174.

Nun mag es aus ideologiekritischer Sicht durchaus gute Gründe geben, dem Qualifikationskriterium zu misstrauen, weil es verdeckt, wie Posten in der Tat vergeben werden oder sogar vergeben werden müssen. Jede Besetzung wird mit der Qualifikation rationalisiert, auch wenn es einem Beobachter deutlich vor Augen steht, dass der «Filz» oder das «Netzwerk» den Ausschlag gegeben hat. Eine Rationalisierung ist deswegen möglich, weil es immer mehrere geeignet erscheinende Kandidaten geben wird, je nachdem, wie man deren vergangene Leistungen gewichtet. Im akademischen Bereich mag es für die einen eine große Rolle spielen, dass eine Kandidatin einen Harvard-Abschluss hat, weil sie auf Auslandserfahrung viel Wert legen, während anderen wichtiger ist, dass eine andere Kandidatin sich für Fragen der Geschlechtergerechtigkeit interessiert, weil dies zeige, dass sie eine soziale Ader habe. Welcher Faktor den Ausschlag gibt, hängt von der jeweiligen akademischen Stammeskultur ab. Unparteilichkeit und Gleichheit gewährleisten zu wollen, indem man sich über alle Stammeskulturen erhöbe, erscheint illusorisch, weil daraus nur die Unterdrückung aller anderen Stämme durch einen vorgeblich neutralen Stamm resultieren kann.[13] Also lässt sich die illusionäre Unparteilichkeit[14] nur durch einen Ersatz vertreten, der nicht illusionär ist. Und dieser nicht illusionäre Ersatz ist die proportionale Repräsentation der Gruppen.[15] Alles andere wäre ungerecht. Was

---

[13] Siehe Stanley Fish, *There's No Such Thing as Free Speech and it's a Good Thing, Too*, New York – Oxford 1994, 12, 74.

[14] Zur Ablehnung des Universalismus im Kontext der Identitätspolitik siehe Bernd Stegemann, *Die Moralfalle: Für eine Befreiung linker Politik*, Berlin 2018, 101.

[15] Young, oben Anm. 10, 173, charakterisiert soziale Gleichheit, die für sie der Inbegriff der sozialen Gerechtigkeit ist, folgendermaßen: «It refers primarily to the full participation and inclusion of everyone in a society's major institutions, and the socially supported substantive

hier zum Vorschein kommt, ist das Inklusionsparadigma, das der Gruppenpartizipation Vorrang vor der Verteilung von Ressourcen einräumt. Er wird uns noch eingehender beschäftigen (siehe unten S. 101–104 und das Schlusskapitel dieses Buches).

Auch wenn die gegenüber der Unparteilichkeit skeptisch eingestellte Position begründet ist und nicht auf mutwilligem Misstrauen beruht, reicht diese Skepsis nicht hin, um eine proportionale Repräsentation von Gruppen zu begründen. Warum tritt anstelle von Unparteilichkeit nicht einfach der Kampf? Das Prinzip der Gruppenrepräsentanz erklärt sich nicht einfach daraus, dass sie eine ungefähre, quasi zweitbeste «Annäherung» an die illusionäre Unparteilichkeit ist.[16] Das kann sie vom Ansatz her nicht sein, wie unsere obenstehende Diskussion schon ergeben hat. Denn auch unter idealen Umständen wäre nicht ausgemacht, dass die Präferenzen der Individuen so beschaffen wären, dass sie zu einer proportionalen Repräsentation in allen Institutionen führen würden. Die Gruppenproportionalität ist nicht ein Ergebnis von Unparteilichkeit unter idealen kontrafaktischen Voraussetzungen (wenn alle gleiche Chancen hätten, würde ein objektives Bewerbungsverfahren ergeben, dass ...). Sie ist am ehesten ein friedlicher *modus vivendi*, der einen Gruppenkompromiss widerspiegelt. Sie ähnelt mehr dem Sozialkontrakt, wie James Buchanan ihn sich vorgestellt hatte, nämlich als einen Waffen-

---

opportunity for all to develop and exercise their capacities and to realize their choices.» Siehe auch ebd., 37.

[16] Ich beeile mich hinzuzufügen, dass dies allerdings von Young auch nicht behauptet worden ist, die ihren gruppenzentrierten Ansatz aus einer Kritik am distributiven Paradigma der Gerechtigkeit entwickelt. Siehe Young, oben Anm. 10, 18, 28.

stillstand, in dem sich ein Machtungleichgewicht spiegelt.[17] Mit Unparteilichkeit – etwa im Rawlsschen Sinn – hat dies nichts zu tun. Das normative Prinzip muss von woanders herrühren.

· ⚹ ·

Noch haben die Analysen nicht aufgeklärt, sondern die Klärung bloß in Aussicht gestellt, warum die Kränkung wesentlich ist, um das normative Prinzip der Gruppenproportionalität zu erklären. Ihre Relevanz wird deutlich, wenn man von der Verteilung von Positionen und Ämtern auf das Gebiet der politischen Repräsentation überwechselt.

In dem bedeutenden Werk *The Politics of Presence* hat Anne Phillips[18] einen Wandel unserer Repräsentationsvorstellung von der «Politik der Ideen» zu einer «Politik der Präsenz» diagnostiziert und mit Einschränkungen nuanciert verteidigt.[19] Durch diesen Wandel werde die Repräsentation von Gruppen maßgeblich, die keine eigene Partei bilden (und insofern keine Interessensgemeinschaft sind), sondern vielmehr innerhalb aller politischen Gruppierungen angemessen vertreten sein sollen. Dabei gehe es vorwiegend um den Einschluss vormals ausgeschlossener Gruppen und damit darum, jenen eine «Stimme» im Sinne einer Artikulationsmöglichkeit zu geben, die bislang keine hatten.[20] Die Ungehörten

---

[17] Siehe James M. Buchanan, *The Limits of Liberty: Between Anarchy and Leviathan*, Chicago 1985.
[18] Anne Phillips, *The Politics of Presence: The Political Representation of Gender, Ethnicity, and Race*, Oxford 1995.
[19] Siehe ebd., 5, 24–25.
[20] Siehe ebd., 51. Phillips erklärt den Übergang zur Präsenzpolitik wie folgt (ebd. 5): «Many of the current arguments over democracy revolve around what we might call demands for political presence: […] demands for the political inclusion of groups that have come to see themselves as marginalized or silenced or excluded. In this major reframing of the

sollen hörbar gemacht werden. Das betrifft Randgruppen und Minderheiten.[21] Was diese angeblich verbinde, sei eine gemeinsame Erfahrung, von der angenommen werde, sie sei eine Erfahrung von Unterdrückung (*oppression*).[22] Wiederum sei es dahingestellt, ob sich die Lebenserfahrungen von Reinigungskräften und leitenden Angestellten hinreichend überlappen,[23] damit diese wechselseitig den Eindruck gewinnen, sie gehörten zu einer Gruppe, deren «Sicht» artikuliert werden müsse.[24] Aber das sei ohnedies zweitrangig, wie Phillips anhand der Repräsentation von Frauen erläutert:[25]

> The search for 'pure authenticity' is now largely discredited, as much as anything, because each woman can lay claim to a multiplicity of identities, each of which may associate her with different kinds of shared experience. But the inclusion of pre-

---

problems of democratic equality, the separation between 'who' and 'what' is to be presented, and the subordination of the first to the second, is very much up for question. The politics of ideas is being challenged by an alternative politics of presence."

[21] Siehe Young, oben Anm. 10, 47.

[22] Die Unterdrückung, auf die es ankomme, könne nach Young auf verschiedenen Ursachen beruhen: Ausbeutung, Marginalisierung, Ohnmacht, kultureller Imperialismus und Gewalt. Siehe Iris Marion Young, Unruly Categories: A Critique of Nancy Fraser's Dual Systems Theory, in: *New Left Review* (1997) 147–160, hier: 149–150: dies., oben Anm. 10, 48–63.

[23] Dieses Problem wird von Haslanger, oben Anm. 2, 228–230, thematisiert, um aber sogleich unter Hinweise auf intersektionale Benachteiligungsverknüpfungen aus der Analyse wieder eliminiert zu werden.

[24] Mit Blick auf die Gruppenrepräsentanz wird zu erwarten sein, dass die leitenden Angestellten eher die Funktion von «Repräsentant*innen» wahrnehmen werden, zumal sie wegen ihrer Erfahrung, Eloquenz und sozialen Vernetzung als verlässliche und durchsetzungsfähige «Kandidat*innen» gelten werden.

[25] Phillips, oben Anm. 18, 10.

viously excluded voices, and the changes this implies in political and other institutions, remains a dominant theme.

Aufgrund des Inklusionsziels ist das Präsentsein wesentlich zur Erreichung des Repräsentationsziels. Sie erklärt sich aus ihrer symbolischen Funktion. Vermöge der Präsenz soll so etwas wie die soziale Anerkennung des Präsentseins erzielt werden. Insofern ist die Präsenzpolitik das institutionelle Äquivalent des Gendersternchens. Die Abwesenheit hingegen gilt als exkludierend und vor allem als kränkend; kränkend deswegen, weil es auf materielle Vorteile und Nachteile zunächst einmal nicht ankommt, sondern vielmehr auf die Aufhebung von Unsichtbarkeit.[26] Allerdings zielt Phillips nicht darauf ab, die Repräsentation von Ideen und Interessen durch die Präsenzrepräsentation zu ersetzen. Vielmehr meint sie, dass die letztere die erstere anders vermittle, indem sie Tore öffne, neue Themen und Anliegen zu artikulieren, und eine effektivere Vertretung für benachteiligte Gruppen gewährleiste.[27]

Nun könnte man einwenden, dass solche Vorstellungen, die sich als progressiv oder «links» verstehen, im Grunde ge-

---

[26] Für Phillips erweckt die Abwesenheit von Gruppenvertretern den Eindruck, die Gruppen seien unmündig und könnten nicht für sich selbst auftreten. Siehe oben Anm. 18, 39. Allerdings wird auch anerkannt, dass das Zusammenspiel von «kultureller» und ökonomischer Benachteiligung für die Situation von Gruppen verantwortlich sei und diese am besten von den Mitgliedern dieser Gruppen artikuliert werden könne. Siehe Melissa S. Williams, *Voice, Trust, and Memory: Marginalized Groups and the Failings of Liberal Representation*, Princeton 1998, 16–17. Zur Sichtbarkeit als «soziale Bestätigung», siehe Axel Honneth, *Unsichtbarkeit: Stationen einer Theorie der Intersubjektivität*, Frankfurt/Main 2003, 16, 19, 24.

[27] Siehe Phillips, oben Anm. 18, 43–46.

nommen faschistisch seien. Sie gössen den alten korporatistischen Wein in neue Schläuche. Die Repräsentation von Gruppen oder Ständen sei ein Bestandteil von faschistischen Programmen gewesen.[28] Das werde bloß aufgewärmt.

Nun unterhielten sowohl der italienische als auch der österreichische[29] Faschismus in der Tat ein freundliches Verhältnis zur Gruppenrepräsentation. Allerdings lehrt bereits der Blick in das Werk eines Theoretikers, dessen geistige Affinität zum Faschismus sich schwer bestreiten lässt, dass es sich hier nicht einfach um die Wiederkehr einer alten Idee handelt. Nach Othmar Spann soll die Mitwirkung der Stände nicht als Vehikel der unkoordinierten Interessenartikulation nach liberalem Muster fungieren, sondern vielmehr in einem organischen Zusammenwirken aufgehen. Wesentlich für das Selbstbewusstsein eines «Standes» sei es nämlich, dass sich dieser als Teil eines größeren Ganzen verstehe. Die Stände müssten «Bausteine einer geistigen Ganzheit» sein und zueinander in einer «gliedlichen Beziehung» stehen.[30]

Ein solches Verhältnis zueinander und ein solches Selbstverständnis wird den Gruppen der Präsenzrepräsentation aber nicht zugemutet. Den Unterdrückten, Ausgegrenzten, Ausgeschlossenen, Marginalisierten und Stummen wird eine

---

[28] Für eine Einführung siehe Antonio Costa Pinto, Corporatism and 'organic' representation in European dictatorships, in: *Corporatism and Fascism: The Corporatist Wave in Europe*, hrsg. v. A.C. Pinto, London 2017, 3–41.

[29] Für ein nuanciertes Bild siehe Gerhard Botz, Der ‚christliche Ständestaat': Weder System noch Faschismus, sondern berufsständisch verbrämte ‚halbfaschistisch'-autoritäre Diktatur im Wandel, in: *Bananen, Cola, Zeitgeschichte: Oliver Rathkolb und das lange 20. Jahrhundert*, hrsg. v. L. Dreidemy et al, Wien 2015, 202–217.

[30] Siehe Othmar Spann, *Der wahre Staat: Vorlesungen über Abbruch und Neubau der Gesellschaft gehalten im Sommersemester 1920 an der Universität Wien*, Leipzig 1921, 198–199.

Gemeinwohlorientierung nicht zugemutet. Sie werden dazu befreit, ihr gesellschaftliches Sein und die sich daraus ableitenden Interessen ohne Rücksicht auf andere im Newtonschen Raum des mechanischen Interessenausgleichs zu artikulieren.

Wegen der mangelnden Eigenschaft, ein Teil eines organischen Ganzen zu sein, wird von den Gruppenangehörigen auch nicht erwartet, ein «Wesen» zu haben und sich «wesensgemäß» zu verhalten. Essentialismus gilt den «Advokat*innen» der Inklusion als ultrareaktionär.[31] Vielmehr gilt auch hier der Grundsatz «You can be anything you want to be». Kein Gruppenmitglied muss sich als darauf festgelegt begreifen, eine vorbestimmte, sozial mit der Gruppenidentität verbundene Rolle übernehmen zu müssen.

Diese Identität muss daher anders verstanden werden als etwas, das die Angehörigen von sich aus mitbringen und freudig ausleben.

An diesem Punkt wird es schwierig.

· ✶ ·

Was die Gruppenmitglieder eint, sollen gemeinsame Erfahrungen sein. Nun werden die Erfahrungen von Fondsmanagerinnen und Krankenschwestern einigermaßen verschieden sein. Dennoch mag ihnen etwas gemeinsam sein, nämlich dass in ihnen Elemente des traditionellen weiblichen Rollenbilds wiederkehren.[32] Dieses Bild wird Erwartungen wie die Verfügbarkeit zum Sexualverkehr oder die Hauptverantwortung für die Reproduktion der Gattung widerspiegeln.[33] Es handelt sich dabei zweifelsfrei um jene sexistischen

---

[31] Nuanciert hingegen Haslanger, oben Anm. 2, 87.
[32] Siehe Haslanger, oben Anm. 2, 228–230.
[33] Bemerkenswerterweise gilt Phillips, oben Anm. 18, 53, 55, die Vor-

Erwartungen, die letztlich auch den Ausschlag über die strukturelle Diskriminierung von Frauen geben.

Wenn dies zutrifft, dann ist es in der Folge für die Gruppenidentität von Frauen gemessen an ihrer Anzahl in der Gesellschaft in Repräsentativorganen und anderen Institutionen entscheidend, aufgrund von traditionellen Erwartungen an die Rolle «der Frau» unterrepräsentiert zu sein. Die Unterrepräsentation ist das Erste, die strukturelle Diskriminierung tritt als der sie erklärende kausale Faktor hinzu.

Es ist aufschlussreich, dass sich aus beiden Faktoren nicht die Besonderheit von Frauen als Gruppe erklärt. Die Unterrepräsentation könnte auch auf in Österreich lebende «Afghan*innen» oder «Tschetschen*innen» zutreffen, die Diskriminierung auf sich ziehen, weil sie entweder für dumm oder brutal gehalten werden. Insofern verfügt jede für die Präsenzrepräsentation relevante Gruppe über dieselbe Form. Was eine Gruppe im Verhältnis zu anderen besonders macht, sind äußerlich hinzutretende, kontingente Vorurteile über die Gruppenmitglieder, an die sich Verhaltenserwartungen knüpfen.

Normativ relevant ist dieses formale Wesen aufgrund der fragwürdigen kontrafaktischen Unterstellung, dass die Folge die sich spontan einstellende Gruppenproportionalität wäre, wenn die gesellschaftsweite Diskriminierung entfiele.

Die Gruppenidentitäten des Inklusionsparadigmas sind inhaltlich wesenslos. Deswegen lässt sich jede Identität mit einem anti-essentialistischen Vorbehalt versehen. Frauen verstehen sich als zugehörig zur Gruppe der Frauen, sind aber

---

stellung, dass gemeinsame Erfahrungen zu gemeinsamen Überzeugungen führen würden, als abzulehnender «Essentialismus».

natürlich nicht darauf festgelegt, ins traditionelle Rollenbild zu passen. Sie gelten sozial als Frauen, aber eigentlich bedeutet das nichts.

In diesem Sinne könnte auch ich behaupten:

«Ich bin ein Mann, aber das ist nicht mein Wesen.»
«Ich bin ein Mann, aber das macht mich nicht aus.»

Wenn ich so etwas sage, behaupte ich, nicht «von mir aus» ein Mann zu sein. Die Qualität des Mann-Seins ist mir vielmehr von außen («sozial») auferlegt worden.[34] Ich wäre dies auch, wenn ich innerlich gänzlich unbeteiligt bliebe und mein Mann-Sein über mich ergehen ließe. Ich gelte sozial als Mann, selbst wenn ich mich nur deswegen männlich verhalte, um nicht Spott und Häme auf mich zu ziehen. Vielleicht verhalten sich ohnedies die meisten Männer aus diesem Grund wie Männer. Vielleicht kann man gar nicht ernsthaft wollen, ein Mann zu sein.[35]

Mein Wesen ist insofern ein Unwesen. Es ist das Gegenteil von dem, was wir unter einem Wesen verstehen, nämlich ein selbstständiges Sosein. Ich bin nichts Substanzielles. Ich bin, so gesehen, in dem, als was ich gelte, immer schon etwas anderem zum Opfer gefallen.

Um solcherart als Etwas gelten zu müssen, muss dieses Etwas äußerlich an mich herangetragen werden, das sozial vorzustellen ich nicht einfach vermeiden kann.[36] Dazu zählen

---

[34] Genau dies entspricht der Sichtweise des sozialen Konstruktivismus. Siehe Haslanger, oben Anm. 2, 89, 230, 232.

[35] Zum Absinken des traditionellen männlichen Rollenbildes in die residuale Arbeiterklasse, siehe Eva Illouz, *Saving the Modern Soul: Therapy, Emotions, and the Culture of Self-Help*, Berkeley 2008, 231, 235.

[36] In Hegels Wissenschaft der Logik wird der Begriff des Ansichseins als ein Moment des Etwas entwickelt, der genau dieses äußerliche Herantragen an es bezeichnet. Etwas ist an sich, weil es äußerlich an ihm ist. Ansichsein ist daher nur Sein-für-Anderes. Siehe G.W.F. Hegel, Wissen-

etwa das biologische Geschlecht, die Tönung der Haut, der Akzent oder die Herkunft. Zu diesen Eigenschaften können aber auch Angelegenheiten zählen, zu denen ich mich öffentlich bekenne, und die mir indisponibel erscheinen wie die sexuelle Orientierung oder das religiöse Bekenntnis. Solche Eigenschaften machen mich «diskriminierbar», weil sie sozial sichtbar sind. Sie machen mich zu einem Element in einer Menge gleicher Elemente. Sie werden mit externen Prädikaten beschrieben (wie «weiß» oder «Mann»), die auf empirisch Beobachtbares abstellen.[37]

Der passive und externe Status, den die Gruppenidentität über einen verhängt, lässt sich auf zweierlei Art überwinden.

Zum einen gibt es die Option der Identifizierung. Die Identitätszumutung entpuppt sich in diesem Fall als Gnade. Man entdeckt in dem, was das Unwesen zu sein scheint, das eigene Wesen. Ich begreife mich als Mann. Ich werde Bayern München Fan, verfolge die Champions League und trinke Bier.

Zum anderen lässt sich der passive Status überwinden, indem ich die Identität dazu heranziehe, um alles Mögliche zu sein. Ich nehme die Rolle an, um sie zu durchbrechen. Ich erfinde mich neu. Ich mache mich zum Autor meiner selbst, indem ich mein Wesen darin finde, mein Unwesen als ein Unwesen darzustellen. Als Mann lackiere ich mir die Fingernägel und laufe in Röcken herum. Als Muslima tyrannisiere ich An-

---

schaft der Logik, *Werke in zwanzig Bänden*, hrsg. v. E. Moldenhauer – K. M. Michel, Frankfurt/Main 1969–71, Bd. 5, 125–127. Ich danke Linda Obermayr für den Hinweis darauf.

[37] Für eine Einführung in die Thematik siehe Alexander Somek, Gleichheit und politische Autonomie, in: *Menschenrechte und Demokratie: Festschrift Georg Lohmann*, hrsg. v. in: F. Bornmüller, Th. Hoffmann & A. Pollmann, München 2013, 207–224.

gestellte in meiner Eigenschaft als Geschäftsführerin. Als Trans*person+ übe ich den Priesterberuf aus. Ich bin schräg oder, wie man neuerdings auf Deutsch auch sagt, «queer».[38]

Das Schrägsein erweist sich somit als Schlüssel zur Darstellung des eigenen Selbstseins im Verhältnis zur – und im Medium der – Gruppenidentität. Weil es dem Bereich der sozialen Sichtbarkeit zuzählt, manifestiert es sich in Äußerlichkeiten. Allerdings ist die soziale Anerkennung des schrägen Selbstseins durch die vorgängige Anerkennung der Gruppenidentität vermittelt. Vielleicht erklärt dies, warum die «Identitätspolitik» unserer sozialen Eigenliebe schmeichelt und weswegen sie so beliebt ist.

· ⚔ ·

Die Verbindung von Selbstsein und Schrägheit beginnt bereits an dem Punkt, an dem die Partizipation von Angehörigen einer Minderheit in bestimmten Funktionen als ungewöhnlich gilt. Ein chinesischer Heldentenor! Das gab's noch nie. Krass. Die Teilnahme einer «unterrepräsentierten» Person markiert somit den Eingang zur Queerness. Sie ist, wenn man so will, die Queerness für bürgerliche Kreise. Man begegnet ihr heute vorzugsweise auf den Websites von Erziehungsanstalten, die gern die «diversity» ihrer Studierenden zur Schau stellen, indem sie die Gesichter junger Menschen aus allen Weltgegenden und weibliche Studierende mit Kopftüchern abbilden. Die «diversity» gilt als Ausdruck von Chan-

---

[38] Siehe Pluckrose & Lindsay, oben Anm. 3, 94: «*To queer* something is to cast doubt upon its stability, to disrupt seemingly fixed categories, and to problematize any 'binaries' within it. When scholars speak of *queering* something, they mean they intend to remove it from the categories within which we understand it now and look at it in new and counterintuitive ways. Queering is about unmaking any sense of the normal, in order to liberate people from the expectations that norms carry.»

cengleichheit und beruhigt bürgerliche Kreise über die moralische Vorzugswürdigkeit der bürgerlichen Welt. Darüber hinaus signalisiert sie das zwar sozial angepasste, aber immerhin schräge Selbstsein. Die junge Muslima studiert Mathematik. Stark. Die Mathematikstreber sehen aus wie Leistungssportler. Toll. Das Stereotyp löst sich auf.

Wenn die Partizipation gesellschaftlicher Gruppen in gewissen Berufen oder Kreisen nicht mehr als ungewöhnlich gilt, dann ist es mit der Schrägheit bald vorbei, Wiederherstellen lässt sie sich, indem man aus der Rolle fällt oder sich die Rolle originell aneignet.[39] Die Anhänger des Inklusionsparadigmas finden das cool. Frauen, die nichts als Frauen sein wollen, gelten fast schon als Problem. Willkommen sind jene Frauen, die «queer» sind. Die bestimmte Negation der Gruppenidentität, die zu diesem Zweck auch bejaht werden muss, wird als individuelle Selbstbehauptung inszeniert. Auch als Frau kann man alles sein, was man sein will, und das Prinzip, dass es für das Individuum keine Grenzen gibt, gilt auch für die «Tschetschen*innen».

Schließlich lässt sich die schräg wahrgenommene Gruppenidentität als eine neue Identität behaupten. Das ist offenbar im Kontext der sexuellen Identität passiert und hat zu so hochgradigen Verwicklungen geführt, dass, wer mit dem Diskurs nicht vertraut ist, nicht mehr recht leicht verstehen kann, ob es bei den einschlägigen Debatten um das Geschlecht oder die sexuelle Orientierung geht und sich kaum noch Zeichen finden lassen, um alle Geschlechter und manche Formen, die Geschlechtlichkeit geschlechtlich zu transzendieren, inklusiv und diskriminierungsfrei zu bezeichnen:[40] *@+©*?

---

[39] Siehe dazu Andreas Reckwitz, *Die Gesellschaft der Singularitäten: Zum Strukturwandel der Moderne*, Berlin 2019, 68–74.

[40] Siehe dazu Brubaker, oben Anm. 2, 114–129.

Die formale Gruppenidentität findet also ihr inhaltliches Wesen in der schrägen Rollenperformanz. Sie kennt drei Proliferationsstufen, die rekursiv miteinander verbunden sind:

Die Wahrnehmung einer Funktion durch eine Person, die offenbar einer vormals ausgeschlossenen oder unterrepräsentierten Gruppe angehört (z. B. der einen Turban tragende Straßenbahnfahrer).[41]
Das schräge Ausfüllen einer mit Gruppenidentität verbundenen Rolle als demonstrative Distanzierung vom eigenen Unwesen (z. B. der Rechtsanwalt im bunt gemusterten Anzug; die Männer, die sich als Frauen verstehen).[42]
Die Behauptung der schrägen Distanzierung als neue Gruppenidentität (z. B. das dritte Geschlecht).

Auf der dritten Stufe schließt sich der Kreis. Die Synthese von Gruppenidentität von «Alles-Mögliche-Sein» fällt wieder auf die erste Stufe zurück.

Das ist die Struktur der inszenierten Authentizität.[43] Sie ist als das inhaltliche Wesen der Gruppenidentität zu begreifen.

· ⚔ ·

Das formale und inhaltliche Wesen der Gruppenidentität sind damit bestimmt. Formal besteht sie aus Unterrepräsentation, die wegen einer strukturellen Diskriminierung als ein Unrecht gilt. Ihr inhaltliches Wesen ist die schräge Rollenperformanz. Wer auch immer seine Gruppenidentität behauptet,

---

[41] Es ist zweifach schräg: Im Verhältnis zur wahrgenommenen Rolle und im Verhältnis zur angestammten Rolle der Person, die jene Rolle wahrnimmt.
[42] Zur vergleichsweise geringeren Toleranz für die Distanzierung von der «Rasse» und für die «transrassische» Identität, siehe Brubaker, oben Anm. 2, 141–147.
[43] Siehe Thomas Bauer, *Die Vereindeutigung der Welt: Über den Verlust von Mehrdeutigkeit und Vielfalt*, 4. Aufl. Stuttgart 2018, 67–68.

ist eingeladen, dies mit einer Mentalreservation zu tun. Die Identität wird behauptet, um Vorteile zu haben und Nachteile zu vermeiden, sie ist aber letztlich bloß das Vehikel ihrer schrägen Brechung. Sie schafft Sichtbarkeit, die Anerkennung erheischt.

Es steht zu vermuten, dass das formale und inhaltliche Wesen der Gruppenidentität ein Substitut für jene persönliche Identität ist, die wir als unerreichbar oder unrealisierbar erfahren. Sie ist ein Stellvertreter für das Sosein, das man von sich selbst aus ist, oder für etwas, zu dem man sich entschließen und das man «entwerfen» kann. Was das letztere betrifft, ist die schräge Performanz das sozial sichtbare und allgemein zugängliche Substitut dessen, was man in Anschluss an Heidegger als «Eigentlichkeit» bezeichnet.[44] Wer sein eigentliches Selbstsein wählt, verlässt den Umkreis der Herdentiere und bestimmt seinen Daseinsentwurf im Vorausblick auf das Lebensende. Einer Person, die eigentlich lebt, ist das Leben ernst, und sie führt es mit Ernst. Ob sie mit ihrem Lebensentwurf in ihre Zeit oder in ihre Umgebung passt, ist ihr egal. Sie ist authentisch das, als was sie sich begreift.

Eigentlichkeit und Kapitalismus gehen in der Regel[45] nicht zusammen. Sie sind miteinander inkompatibel. In einer kapitalistischen Gesellschaft erwartet «man» von uns, dass wir uns als eine agile und anpassungsfähige Humanressource verstehen. Eine Gesellschaft dieser Art stellt die «Karriere»

---

[44] Siehe Martin Heidegger, *Sein und Zeit*, 14. Aufl. Tübingen 1977, 297–298.

[45] Es geht zusammen, wenn man so vermögend ist wie Jan Phillip Reemtsma. Aber dessen Stellung lässt sich nicht verallgemeinern.

und den «Erfolg» als erstrebenswerte Güter in Aussicht.[46] Agilität und Anpassungsfähigkeit sind der Preis, den man entrichten muss, um ihrer teilhaftig zu werden. Wer keine Aussicht hat, als Anwalt erfolgreich zu sein, wird halt Chirurg oder umgekehrt. Wer sich diesen Normen fügt, auf den mag Adornos Diktum, das zwar herabwürdigend klingen mag, zutreffen, wonach es für viele Menschen eine Anmaßung sei, «ich» zu sagen.[47] Denn idealerweise sind wir unter kapitalistischen Vorzeichen nichts anderes als die klugen Treuhänder unserer Humanressource. Das ist das normative Lebensmodell des Kapitalismus. Es ist nur insofern pluralistisch, als es je nach Marktlage eine Vielfalt von Karrieren zulässt. Kleinwüchsigen steht es frei, sich auf Jahrmärkten zum Zwergwerfen zur Verfügung stellen. Warum nicht?[48] Dennoch ist die Ökonomie alles andere als um Diversität bemüht. Sie ist nicht ihr normatives Prinzip, sondern bloß ein Reflex von zufällig auftretenden Präferenzen. Ein Leben gibt es nur, insofern sich mit ihm etwas verkaufen lässt.

Wer unter kapitalistischen Vorzeichen lebt und den Drang verspürt, seinen eigentlichen Lebensentwurf zu leben, der läuft Gefahr, sich als mit Indifferenz bedacht zu erfahren.[49] Der soziale Zusammenhalt steht dem, was die Menschen für ihr eigentliches Sein-Können halten, gleichgültig gegenüber. Man kommt nicht umhin, es seinem Ein- und Auskommen zu opfern und umgekehrt Agilität und Adaptabilität zur

---

[46] Siehe Michael Walzer, *Thick and Thin: Moral Argument at Home and Abroad*, Notre Dame – London 1994, 23–24.

[47] Siehe Theodor W. Adorno, *Minima Moralia: Reflexionen aus dem beschädigten Leben*, Frankfurt/Main 1984, 57: «Bei vielen Menschen ist es bereits eine Unverschämtheit, wenn sie Ich sagen.»

[48] Für eine Diskussion dieser Frage siehe Michael Rosen, *Dignity: Its History and Meaning*, Cambridge, Mass. 2012, 63–70.

[49] Siehe Georg Lohmann, *Indifferenz und Gesellschaft: Eine kritische Auseinandersetzung mit Marx*, Frankfurt/Main 1991.

Schau zu stellen. You can be anything you want to be. Nur die Optionen kannst du dir leider nicht aussuchen.

Niemand kann allein gegen die Maschine, die alle beherrscht, effektiv aufbegehren. Die Prinzipien von Agilität und Adaptabilität lassen sich nicht außer Kraft setzen. Ob man in seinem eigenen Leben vorkommen wird, muss ungewiss bleiben. Bloß die Gruppenidentität, deren Pointe es ist, durch Schrägheit aufzufallen, bietet einen allgemeinen Ersatz fürs eigentliche Leben. Sie schafft Sichtbarkeit und erweckt den Eindruck, etwas Verborgenes und Unterdrücktes ans Licht zu ziehen. Vermöge des Schrägseins können wir unser Unwesen negieren, ohne zu wissen, was wir eigentlich sein wollen. Es genügt, schräg zu sein, während wir uns brav anpassen.

Vielleicht wird vor diesem Hintergrund nun auch klar, warum es uns nicht mehr aufklärungsbedürftig oder paradox erscheint, dass alle Institutionen, in denen Menschen auftreten, um zu glänzen, mit der Erwartung bedacht werden, die gesellschaftlichen Gruppen angemessen zu repräsentieren. Die Inklusion der vormals Exkludierten ist sozial auffällig. Eine Frau in der Männerrolle fällt aus dieser Rolle und aus der Rolle der Frau allein deswegen heraus, weil sie eine Frau ist. Der metrosexuelle Mann erhebt sich über sein männliches Unwesen und ist drauf und dran, eine neue Gruppenidentität zu konstituieren, wenn nur genügend andere Individualisten es ihm gleichtun. Wie bei der politischen Repräsentation geht es überall, wo geglänzt werden kann, um die Demonstration von Präsenz. Die Gruppenrepräsentation fungiert als ein gigantischer narzisstischer Spiegel, in dem unser beleidigtes Selbstsein den Schein der Erlösung erblickt. So paradox es auch erscheinen mag, ist die Gruppenrepräsentation zutiefst individualistisch. Sie signalisiert, dass Menschen, selbst wenn sie sich als ausgeschlossen erfahren sollten, alles sein können, was sie sein wollen. Und wenn bei der schrägen Rollenperformanz etwas schief gehen sollte, bietet die traditionelle Gruppenidentität eine bequeme Rationalisierung des Scheiterns:

«Ich bin mit x nicht zurechtgekommen, weil ich y bin.»

Identität und Heuchelei können solcherart eine harmonische Verbindung eingehen.

Bestehen bleiben die Funktionen, die anpassungsfähig und agil auszufüllen sind; bestehen bleiben die professionellen Hierarchien mit ihren Verhältnissen der Über- und Unterordnung; bestehen bleiben die Unterschiede der Einkommen und der sozialen Klassen; bestehen bleiben die Konkurrenzverhältnisse, in denen manche auf der Strecke bleiben. Aber das macht nichts aus, solange die Glanzlosen glänzen können, indem sie die kapitalistische Indifferenz gegenüber dem menschlichen Leben mit ihrer Schrägheit übertünchen.

Der Wunsch nach der Inszenierung von Authentizität ist so stark, dass die kontrafaktische Unterstellung, auf der er beruht, nicht mehr weiter problematisiert wird. Wenn es keine strukturelle Diskriminierung gäbe, dann wären alle gemessen an ihrer Gruppenstärke «repräsentiert». Ob das wirklich so wäre, will niemand mehr wissen. Der Wunsch ist so stark, dass das disproportionale Fehlen von Gruppenangehörigen als ein untrügliches Anzeichen von struktureller Diskriminierung genommen wird.

Der Wunsch bestimmt die Konstruktion einer sozialen Wirklichkeit, die mit dem Kapitalismus kompatibel ist. Das Aufbegehren gegen die Indifferenz, mit welcher der soziale Zusammenhang die Menschen bedenkt, ist ein integraler Bestandteil seiner Reproduktion.

Das Inklusionsparadigma ist dafür blind.
Diese Blindheit macht sein Wesen aus.

Sein als Opfersein

· ⚔ ·

Wer sich glaubwürdig als Opfer gesellschaftlicher Unterdrückung zu präsentieren versteht, darf mit besonderer sozialer Wertschätzung rechnen.[1] Ein Opfer verdient Aufmerksamkeit, Zuwendung und vielleicht sogar Unterstützung. Immerhin gehört es zum Opfersein, gelitten zu haben oder aktuell zu leiden. Einem Opfer gebührt Kompensation oder wenigstens deren spiritueller Ersatz, die «Heilung».

Nicht zuletzt wegen der Leidzuschreibung begegnet man Opfern mit der Vermutung, sie hätten mit Widrigkeiten zu ringen oder mit ihnen einmal zu kämpfen gehabt. Ihre Widerstandskraft mag Bewunderung hervorrufen. Eine Person, die Opfer gewesen ist und es dennoch geschafft hat, als etwas zu gelten, muss wohl Ungewöhnliches geleistet haben. Sie hat «überlebt». Wenn sie aus der Opferposition

---

[1] Diese Behauptung setzt die Existenz einer Kultur des Opferseins voraus, in der, wie Pfaller treffend festhält, das Peinliche des Opferseins mit der Prämie der Prominenz aufgewogen wird. Siehe dazu Robert Pfaller, *Erwachsenensprache: Über ihr Verschwinden aus Politik und Kultur*, Frankfurt/Main 2017, 116, 118. Zur «culture of victimhood» siehe auch Bradley Campbell – Jason Manning, Campus Culture Wars and the Sociology of Morality, in: *Comparative Sociology* 15 (2016) 147–178. Zur sozialen Macht, die das Opfersein verleiht, siehe Bernd Stegemann, *Die Moralfalle: Für eine Befreiung linker Politik*, Berlin 2018, 97, 104.

heraus Erfolg und Prestige erntet, dann fällt der Abglanz des Heldentums auf sie.

Der Status des Opferseins erweckt den Eindruck, skalierbar zu sein. Man kann mehr oder weniger Opfer sein. Das hängt damit zusammen, dass gesellschaftsweit unterschiedliche Ursachen für den Opferstatus anerkannt sind. Wenn sie in einer Person zusammentreffen oder sich überkreuzen (wie auf einer Straßenkreuzung, auf der man Gefahr läuft, von mehreren Seiten überfahren zu werden),[2] dann dürfte ein erheblicher Unterschied zum «einfachen» Opfer bestehen.[3]

So mag man davon ausgehen, dass die nach oben offene Skala des Opferstatus dem Frausein die Zahl *eins* verleiht,[4] weil die betreffende Person aus einem Grund – aufgrund ihres Geschlechts – Gefahr läuft, im Berufsleben und im privaten Bereich jemandem zum Opfer zu fallen. Wenn eine Frau wegen ihres Teints auch sozial als «fremdländisch» gilt, dann erhöht sich ihre Statuszahl auf *zwei*. Denn eins und eins macht zwei.

Die Arithmetik täuscht allerdings. Der Opferstatus ist nämlich grundsätzlich ein in sich ungleicher. Die Frauen machen immerhin beinahe die Hälfte der Weltbevölkerung

---

[2] Das Beispiel stammt von Kimberlé Crenshaw, Demarginalizing the Intersection of Race and Sex: A Black Feminist Critique of Antidiscrimination Doctrine, Feminist Theory and Antiracists Politics, in: *University of Chicago Legal Forum* 1 (1989) 139–167.

[3] Siehe zur Intersektionalität als «Wettbewerb» bei Robert Pfaller, Moralisieren ohne Moral, in: *Moral und Schuld: Exkulpationsnarrative in Ethikdebatten*, hrsg. v. H. Grimm – St. Schleissing, Baden-Baden 2019, 37–67. Siehe auch Stegemann, oben Anm. 1, 102–103.

[4] Das Frausein wird hier nur als ein Diskriminierungsgrund unter anderen herausgegriffen. Es wird nicht unterstellt, dass Frauen *bloß* der Faktor «eins» zukommt und etwa das «Asylwerber*insein» höher zu beziffern wäre.

aus, und sie sind Jahrtausende lang diskriminiert worden. Das verleiht ihrem Opfersein eine besondere Gravität, zumal im Verhältnis zu Minderheiten. Zu diesen Minderheiten gehören aber gewiss auch Menschen, die aufgrund ererbter, sichtbarer Merkmale sozial als Angehörige einer «Rasse» gelten. Im Vergleich zur Unterdrückung des halben Teils der Menschheit mag sich die Unterdrückung einer Minderheit als geringfügiger ausnehmen; aber dafür ist umgekehrt eine «Rassendiskriminierung» ein besonders großes Übel. Die Sklaverei und die Apartheid gehören zu den schlimmsten Sünden der Menschheitsgeschichte. Sie lassen sich nicht als weniger schwerwiegend als die Diskriminierung aufgrund des Geschlechts abtun.

Es steht daher zu vermuten, dass die Faktoren, die Ausschlag über den Opferstatus geben, miteinander unvereinbar sind, weil sie sich nicht wechselseitig ineinander übersetzen oder ausdrücken lassen. Die Diskriminierung aufgrund des Geschlechts ist nicht schlimmer oder weniger schlimm als die Diskriminierung aufgrund der Rasse. Sie ist aber auch nicht dasselbe.

Nicht zufällig verbindet sich mit dieser Wahrnehmung von Unvereinbarkeit[5] die Vorstellung, dass sich über das Übel des Sexismus nur aus der Perspektive von Frauen berichten lässt und der Horror des Rassismus nur von jenen geschildert werden kann, die ihm ausgesetzt waren oder sind. Dabei geht es nicht bloß um den authentischen Bericht von Fakten, sondern vor allem darum, wie es sich «anfühlt» und was es daher bedeutet, aufgrund des Geschlechts, der «Rasse», der sexuellen Orientierung oder des «Trans*-Seins» diskriminiert zu werden. Die Erfahrungen der einen Gruppe lassen sich

---

[5] Siehe dazu Joseph Raz, *The Morality of Freedom*, Oxford 1986, 325–327.

nicht in die Erfahrungen der anderen übersetzen. Also besteht nicht nur eine epistemische Asymmetrie[6] im Verhältnis von Opfern und Beobachtern (die Letzteren sind auf das Zeugnis der Ersten angewiesen),[7] es besteht auch eine ontische Unvereinbarkeit zwischen den Opfertypen. Das Opfersein ist wegen des Andersseins der jeweiligen Opferrelation eine andere Art des Seins. Jede Diskriminierungsform ist speziell und fühlt sich auch so an.

Gleichwohl erwecken diejenigen, die mehrere Opferfaktoren in sich vereinen, den Eindruck, besondere Opfer zu sein. Um deren soziale Position adäquat bezeichnen zu können, wurde der Begriff der «Intersektionalität» (der «Überkreuzung») entwickelt.[8]

Zum Opfer wird man kraft eines Merkmals, das zu tragen man nicht vermeiden kann und das «eine*» zur Zielscheibe von Benachteiligung macht oder dazu führt, in den Sog systemisch-diskriminierender Prozesse hineingezogen zu werden. Zu dem, was mit diesen Merkmalen bezeichnet wird, gehören unter anderem das Geschlecht, die Rasse, die sexuelle Orientierung oder auch das religiöse Bekenntnis.

Merkmale dieser Art machen eine Person passiv diskriminierungsfähig. Vermöge der Intersektionalität erhöht sich diese Fähigkeit. Wer mehrere Merkmale in sich vereint, trägt ein höheres Diskriminierungsrisiko als andere. Wenn eine Frau nicht aufgrund ihres Geschlechts benachteiligt

---

[6] Den Begriff der epistemischen Asymmetrie entnehme ich Ernst Tugendhat, *Selbstbewusstsein und Selbstbestimmung: Sprachanalytische Interpretationen*, Frankfurt/Main 1979, 89.

[7] Das bedeutet auch, dass nur die Opfer sprechen und die anderen schweigen müssen. Siehe dazu Stegemann, oben Anm. 1, 98.

[8] Siehe oben Anm. 2.

wird, weil der soziale Kontext, in dem sie sich bewegt, zufällig nicht sexistisch ist, dann lässt sie sich noch immer aufgrund ihrer Rasse oder ihrer sexuellen Orientierung diskriminieren.

Allerdings ist ein solches Verständnis von Intersektionalität unterkomplex. Denn wenn für die elementaren Formen der Diskriminierung gilt, dass sie sich durch epistemische Asymmetrie und ontische Unvereinbarkeit auszeichnen, dann muss dies wohl auch für die zusammengesetzten Formen gelten. Asymmetrie und Unvereinbarkeit sind transitiv. Sie übertragen sich von den einfachen auf die komplexeren Formen der Diskriminierung. Die komplexeren Formen sind auch nicht einfach Additionen, sondern Synthesen – und damit neue Formen – der Diskriminierung. Wie sich diese Verwandlung genau verstehen lässt, ist das große Thema der Intersektionalitätstheorien, in deren Kontext nicht zufällig abermals das Problem auftaucht, dass nur wahrhaft authentisch und kompetent über überkreuzende Diskriminierungen sprechen könne, wer von ihnen betroffen sei. Deswegen ist es systematisch ausgeschlossen, dass das Wissen um Intersektionalität ein allgemeines Wissen sein kann. Es muss notwendig das je besondere Wissen spezifischer Betroffener sein. Jede Überkreuzung ist besonders und erzeugt eine neue Diskriminierungsqualität.

Diese Aporie, mit der die Intersektionalitätstheorie ringt,[9] soll uns aber im Folgenden nicht weiter interessieren. Unsere Aufmerksamkeit soll vielmehr dem Umstand gewidmet sein, dass im Kontext der Intersektionalität unter den vielfältigen

---

[9] Deutlich wird sie bei Patricia Hill Collins, Intersectionality's Definitional Dilemmas, in: *American Review of Sociology* 41 (2015) 1–20.

Gründen des Opferseins auch die «soziale Klasse» angeführt wird. Die Trias von «Rasse, Klasse und Geschlecht» wurde einst als bedeutende Entdeckung des Feminismus des späten 20. Jahrhunderts gefeiert.[10] Sie gilt als die Trinität der sozialen Benachteiligungsformen und suggeriert, dass neben dem Geschlecht und der «Rasse» auch die soziale Klasse ein Grund für Benachteiligung ist. Und natürlich steht zu vermuten, dass die Diskriminierung aufgrund eines askriptiven Merkmals umso schwerer wiegt, je enger sie mit dem Klassenstatus verwoben ist.

Diese Gleichstellung der sozialen Klasse mit anderen Diskriminierungsgründen soll im Folgenden in Frage gestellt werden. Die soziale Klasse ist der Grund jeder Diskriminierung. Eine Diskriminierung ist nur möglich, wenn sie eine Diskriminierung aufgrund der sozialen Klasse einschließt. Ohne diese wäre sie ein peripheres Phänomen und wahrscheinlich harmlos.

Einer Diskriminierung kann man im günstigsten Fall ausweichen. Wir alle tun dies, wenn wir finden, dass wir nicht gut behandelt werden. Wenn eine «Händler*in» grob zu mir ist, weil «sie*» meine mit meiner sozialen Schicht verbundenen Umgangsformen nicht ausstehen kann («Der Oide is so g'spreizt»), dann gehe ich zur «nächsten*». Solange mir das möglich ist, mag es mir vielleicht gar nicht einfallen, von einer Diskriminierung zu sprechen. Wenn aber alle «Händler*innen» mir wegen meines Habitus die Leistung verweigern, könnte ich mit Fug und Recht behaupten, ich werde in der Gesellschaft, in der ich lebe, «kulturell» diskriminiert.

---

[10] Siehe Collins, oben Anm. 9, 9.

Wenn diese Beobachtung zutrifft, dann ist eine Diskriminierung nur dann ein soziales Problem und nicht bloß ein persönlicher Affront, wenn es wirklich gelingt, einen Menschen zu benachteiligen. Die einzelne «Händler*in», «die*» mir «ihr*» Zeug nicht verkauft, handelt zwar mit Diskriminierungsabsicht, aber einen sozialen Nachteil erleide ich so lange nicht, als ich die gewünschten Güter woanders besorgen kann. Ich habe guten Grund, diese «Händler*in» zu meiden. Vielleicht wird sich meine «Händler*in» bald eines Besseren besinnen und mich dennoch bedienen. Immerhin schneidet «sie*» sich ja ins eigene Fleisch, wenn «sie*» auf ein Geschäft verzichtet.

Sozial benachteiligt wird, wer hinnehmen muss, schlechter als andere behandelt zu werden, weil «sie*» es nicht ändern kann. Eine relevante Benachteiligung liegt auch dann vor, wenn es keine aktuellen Vergleichsfälle gibt. Auch wenn sich Männer nicht für Berufe bewerben, die von Frauen ausgeübt werden, sind Frauen diskriminiert, wenn zu erwarten ist, dass Männer, so sie sich bewürben, besser bezahlt würden. Auch die kontrafaktische Ungleichbehandlung ist diskriminierungsrelevant. Wäre ich besser sozial vernetzt, dann würde ich bei den «Händler*innen» nicht leer ausgehen. Meine soziale Isolation ist relevant für eine Ungleichbehandlung, die andere nicht erleiden würden, wenn sie nachfragten, was ich haben will.

Die Relevanz der kontrafaktischen Ungleichbehandlung deutet auf das hin, worauf es bei der Diskriminierung ankommt. Was zählt, sind Wehrlosigkeit und soziale Ohnmacht. Wer es sich gefallen lassen muss, benachteiligt zu werden, kann darauf wetten, einen Nachteil zu erleiden. Wer sich das nicht gefallen lassen muss, «de*» wird es erspart bleiben.

122 *Sein als Opfersein*

Wenn auch diese Beobachtung zutrifft und man zum Begriff der Diskriminierung nicht allein eine Handlung mit böser Absicht zählen darf, sondern vielmehr die distributiven Konsequenzen einbeziehen muss, dann bedeutet dies, dass in *jeder* Diskriminierung die Klassenlage impliziert ist. Denn einer benachteiligten Klasse anzugehören bedeutet, keine Handhabe dagegen zu haben, ausgebeutet oder benachteiligt zu werden. Immerhin erklärt sich daraus die Stellung der «freien Lohnarbeiter».[11] Sie haben keine Produktionsmittel und müssen ihre eigene Haut zu Markte tragen. In Ermangelung anderer Optionen müssen sie ihre Ausbeutung erdulden.

Um einer unterdrückten oder benachteiligten sozialen Klasse anzugehören, muss man zunächst «benachteiligbar» sein. Dies bedeutet wiederum, keine andere Wahl zu haben, als sich die Schlechterstellung gefallen lassen zu müssen und keine effektive Gegenwehr zu haben. Das ist zutiefst demütigend.[12]

Die Wehrlosigkeit begegnet uns zunächst in der Form der ökonomischen Deklassierung. Die freien «Lohnarbeiter*innen» verdingen sich für ein geringeres Entgelt, als es die gewerkschaftlich organisierten «Arbeiter*innen» akzeptieren würden. Der Grund der Ungleichbehandlung liegt in ihrer geringen Marktmacht. Hinter ihrem Rücken wartet eine Reservearmee von Arbeitskräften, deren Angehörige vermut-

---

[11] Siehe dazu bloß Karl Marx – Friedrich Engels, Manifest der kommunistischen Partei, in: *Marx Engels Werke*, Bd. 4, Berlin 1965, 462.
[12] Siehe Alexander Somek, *Rationalität und Diskriminierung: Zur Bindung der Gesetzgebung an das Gleichheitsrecht*, Wien – New York 2001, 380–381.

lich für noch geringere Löhne arbeiten würden. Aus Furcht vor noch größerer Deklassierung sind die «freien Lohnarbeiter*innen» daher bereit, für einen geringeren Lohn als den zu arbeiten, den sie erhielten, wenn sie gewerkschaftlich organisiert wären.

Zur gewerkschaftlichen Organisation sind sie vielleicht deswegen nicht fähig, weil sie allem Kollektiven misstrauen.[13] Jegliches «Wir» halten sie für eine gefährliche, potenziell rechtsradikale Fiktion oder wenigstens für etwas, das, weil es Grenzen hat, ausgrenzt und daher böse ist. Passiv diskriminierungsfähig sind die freien «Lohnarbeiter*innen» deswegen, weil die ihnen geringe Löhne zahlenden «Kapitalist*innen» um ihre Wehrlosigkeit wissen oder vielleicht sogar zu dieser beitragen, indem sie unter ihnen die Vorstellung nähren, jeder kollektive Zusammenschluss sei faschistisch.

· ⚔ ·

Im Fall der freien «Lohnarbeiter*innen» ist die Reproduktion des Klassenstatus einfach. Der Weg führt von der sozio-ökonomischen Ungleichheit zur sozio-ökonomischen Ungleichheit. Ob es an Marktmacht mangelt, liegt an kontingenten Umständen. Die Betroffenen tragen kein Kainsmal, durch das sie an ihre soziale Stellung gefesselt sind. Ein Mangel an Marktmacht kann überwunden werden, auch wenn der Erfolg von zufälligen Faktoren abhängt und er nur «wenigen*» vergönnt sein mag.

Anders ist die Sachlage in einer Situation, in der sich eine Gesellschaft gegenüber «Arbeitsmigrant*innen» prinzipiell feindselig verhält. Das Ergebnis dieser Feindseligkeit ist, dass sie in Beschäftigungssituationen landen, in denen sie wie Sklaven einer gewalttätigen Züchtigung ausgesetzt sind und

---

[13] Siehe nunmehr zum Problem Tristan Garcia, *Wir*, dt. Berlin 2018.

genötigt werden, die Hälfte ihres kargen Lohns auf die Miete einer schäbigen Bleibe zu verwenden, die ihnen von den «Arbeitgeber*innen» zur Verfügung gestellt wird. Auch solche «Migrant*innen» haben keine Marktmacht. Sie sind nicht in der Lage, sich dieser Behandlung zu erwehren. Im Vergleich zum ursprünglichen Klassenstatus gibt es aber einen erheblichen Unterschied. Die «Migrant*innen» gehören zu einer Menge von Personen, deren Elemente durch ein *extensionales Prädikat* bezeichnet werden. Ein solches Prädikat erlaubt es, Mitglieder einer Gruppe anhand eines Merkmals zu identifizieren und somit gezielt auf eine gewisse Weise zu benachteiligen.[14] Einer solchen Behandlung können die Opfer sich so gut wie nicht entziehen, weil sie das Merkmal nicht so leicht ablegen oder verbergen können. Die Möglichkeit, der eigenen Klassenlage durch «Talent, Fleiß und Glück»[15] zu entkommen, ist ihnen verschlossen, weil die Angehörigen der Gastgesellschaft die «Migrant*innen» nicht unter ihren eigenen Reihen sehen wollen. Sie verweigern ihnen den sozialen Aufstieg. Natürlich meinen sie, dafür gute Gründe zu haben. Sie werden sich einreden, die «Migrant*innen» seien ungebildet, verstünden die Landessprache schlecht oder seien verschlagen. Gegen solche Vorurteile kommen die «Migrant*innen» nicht an.

Wenn man die Menschen, denen allein die Marktmacht mangelt, mit den diskriminierten «Migrant*innen» vergleicht, dann erkennt man sowohl eine bedeutende Gemeinsamkeit als auch einen bedeutenden Unterschied.

---

[14] Siehe Somek, oben Anm. 12, 396.

[15] Siehe Immanuel Kant, Über den Gemeinspruch: Das mag in der Theorie richtig sein, taugt aber nicht für die Praxis, in: *Werkausgabe*, hrsg. v. W. Weischedel, 2. Aufl., Frankfurt/Main 1976, Bd. 11, 147.

Gemeinsam ist ihnen die soziale Deklassierung. Sie sind der Benachteiligung ausgeliefert. Wenn man diese Folge wegdächte, bliebe von der Diskriminierung – zumindest langfristig – nichts übrig. Darauf ist sogleich zurückzukommen. Deswegen ist es aber auch unrichtig, neben den Kategorien wie «Rasse» und «Geschlecht» auch noch die «Klasse» anzuführen. Der einzige Umstand, der dies rechtfertigen könnte, ist das Faktum, dass mit der sozialen Deklassierung ein gewisser Habitus einhergeht, der sichtbar ist und zum Anknüpfungspunkt für Benachteiligung taugt (etwa ein Dialekt, eine auffällige Gestik, die Haartracht, ein Bekleidungsstil oder das Rauchen). Aber wenn ein solcher Habitus für die soziale Klasse steht, dann hat dies mit dem, was man in der Tradition der politischen Linken unter Klasse versteht, nichts zu tun.

Der Unterschied besteht darin, dass im Fall des Gebrauchs von extensionalen Prädikaten die Klassenlage das Ergebnis von diskriminierenden Praktiken ist. Hinter ihnen muss keine Aversion stehen. Vor dem Hintergrund der geschlechtsspezifischen sozialen Arbeitsteilung ist es aus betriebswirtschaftlicher Sicht rational, dass Frauen im Vergleich zu Männern in schlechter bezahlten Jobs arbeiten. Eine diskriminierende Praxis dieser Art ist nur deswegen möglich, weil Frauen keine Handhabe dagegen haben, etwa weil sie in Gewerkschaften unterrepräsentiert sind oder wegen der Nötigung, Teilzeitjobs annehmen zu müssen, vergleichsweise schlechtere Karten haben. Die Mechanismen der Diskriminierung mögen in der Tat systemisch oder strukturell sein, wenn Frauen sich einreden, keine Chance für Veränderung zu haben. Frauen lassen sexuelle Nachstellungen über sich ergehen, weil Männer den Frauen und Frauen sich untereinander nicht zutrauen, sich dagegen wehren zu können. Wenn Frauen sich mit ihrer Lage abfinden und ihre Benachteiligung freiwillig auf sich nehmen, dann sind sie strukturell diskriminiert (siehe dazu oben S. 88). Aus der strukturellen Diskriminierung erklärt sich die Klassenlage.

Aber wenn man die «path-dependence», auf der die soziale Klasse beruht, vernachlässigt, lässt sich dennoch sagen, dass der Sexismus eine Spezifikation des Klassenunterschieds ist. Spinozistisch ausgedrückt bedeutet dies, dass der Klassenunterschied das Attribut der sozialen Substanz ist, von welcher der Sexismus eine Modifikation ist.

· ⚔ ·

Nun ist auf die Behauptung zurückzukommen, dass mit dem Klassengegensatz auch die Diskriminierung wegfiele.

Man mag einwenden, dass dem nicht so sein könne. Als Harry Belafonte einst in Österreich der Eintritt in eine Diskothek verwehrt wurde, weil er schwarz war, war das wohl ein diskriminierender Akt. Harry Belafonte war kein armer Schlucker. Dennoch wurde er diskriminiert.

Dieser Einwand überzeugt nicht. Die Diskriminierung impliziert den Klassenstatus, und dieser ist nicht entstanden. Belafonte und seine Anhänger konnten damals starken Protest mobilisieren. Die Sache ist gegen den Diskothekenbetreiber ausgegangen. Der Diskriminierungsversuch ist misslungen. Die soziale Klasse ist härter als das weiche Gewebe von Aversion und Ablehnung.

Die für die soziale Klasse letztlich ausschlaggebenden sozio-ökonomischen Ungleichheiten sind Ungleichheiten des sozialen Rangs, des Einkommens und des Vermögens. Damit verbinden sich auch Phänomene wie das Prestige. Wenn man aus der sozio-ökonomischen Ungleichheit den Einfluss der Diskriminierung «herauskürzt», dann erhält man die reine soziale Ungleichheit (siehe dazu unten S. 167). Die reine soziale Ungleichheit ist das hypothetische Ergebnis des Funktionierens eines moralisch gereinigten Marktes.

Die reine soziale Ablehnung erhält man, wenn man umgekehrt die klassenspezifischen Ungleichheiten ausblendet. Bei der reinen sozialen Ablehnung müsse es sich um etwas handeln, das für die betroffenen Personen ohne sozio-ökonomische Nachteile ist, weil sie die Macht haben, sich von ihnen zu befreien. Wie muss man sich das vorstellen?

Es ist denkbar, dass eine Managerin, die zwar Karriere gemacht hat, dennoch wegen ihres Frauseins und Schwarzseins verachtet wird.

Ist das denkbar?

Natürlich ist das denkbar.

Es ist eigentlich alltäglich. Es ist denkbar, dass eine Managerin von «Mitarbeiter*innen» mit beleidigenden Worten bedacht wird. Es steht ihr dann frei, diese «Mitarbeiter*innen» zu kündigen. Die Herabsetzung übersetzt sich nicht in einen sozialen Nachteil. Den Nachteil haben die «Angestellt*en».

Es ist nicht unüblich, dass Angehörige unterschiedlicher ethnischer Gruppen einander hänseln oder mit Sticheleien bedenken, aber solange dies nicht in sozialer Stratifizierung resultiert, ist das ein – mitunter derber – gesellschaftlicher Spaß. Stimmt doch, ihr Bayerischen Bazi?

Es ist nichts dabei, wenn man feststellt, dass bestimmte gesellschaftliche Gruppen ausgeprägte Talente oder besondere kulturelle Traditionen haben. Es setzt niemanden herab. Solange damit nicht ein Gewebe von benachteiligten Praktiken bedient wird, ist das harmlos.

Wenn eine gesellschaftlich ein wenig scheel angesehene Gruppe genügend Geld hat, um sich Luxusgüter anzuschaffen, wird man ihr zuvorkommend begegnen. Was auch immer an bösartigen Kommentaren hinter ihrem Rücken gemacht wird, braucht sie nicht zu kümmern. Hab' ich recht, ihr «Russ*innen»?

· ϰ ·

Wenn der Befund zutrifft, dass alle, die diskriminiert werden, sozial deklassiert sind, dann gehören alle diskriminierten Personen auch derselben sozialen Klasse an. Sie gehören zur Klasse derer, die sich Benachteiligungen gefallen lassen müssen, die unter anderem auf der Verwendung eines extensionalen Prädikats beruhen.

Dies wird übersehen, wenn man die soziale Klasse für einen Anknüpfungspunkt für Diskriminierung unter anderen hält. Übersehen wird aber auch, dass sich die Ohnmacht der sozialen Klasse wahrscheinlich überwinden lässt, indem sich die Angehörigen dieser Klasse zusammenschließen und gemeinsam gegen ihre Unterdrückung aufbegehren. Offenbar haben die «Theoretiker*innen» und «Aktivist*innen» der Intersektionalität genau dies im Sinn. Diesem Vorhaben stellen sich aber Hindernisse in den Weg. Sie hängen unmittelbar mit dem Opfersein zusammen.

Wenn es zum rationalen politischen Verhalten gehört, gemeinsame Interessen zu verfolgen, dann wäre es für die Angehörigen von deklassierten Gruppen der angemessene Weg, sich gemeinsam zu organisieren. Wenn «Tschetschen*innen», «Afrikaner*innen» und «Trans*personen»[16] Schwierigkeiten haben, eine Wohnung anzumieten, dann sollten sie gemeinsam gegen ihre Ausgrenzung rebellieren. The more, the merrier. Dies setzt allerdings voraus, dass sie die wechselseitigen Animositäten, die zwischen den Gruppenmitgliedern bestehen mögen, überwinden. Denn es mag ja sein, dass die «Afrikaner*innen» die «Tschetsche*innen» für brutal, die

---

[16] Ich wähle diese drei Gruppen aus, weil nach meiner Einschätzung zumindest in meinem freundlichen Land deren Angehörige einem hohen Risiko ausgesetzt sind, unverschuldet Diskriminierung und Ausgrenzung zum Opfer zu fallen.

«Trans*personen» die «Afrikaner*innen» für unzuverlässig und die «Tschetschen*innen» die «Trans*personen» für abartig halten. Eine gemeinsame Verständigung würde voraussetzen, dass die jeweiligen Gruppen die Bedeutung ihrer Identität füreinander abschwächen. Das erfordert mehr, als diese hin und wieder abzudimmen, um sie im nächsten Moment wieder aufleuchten zu lassen. Denn die gesellschaftliche Situation dieser Gruppen ist so beschaffen, dass sie in vielen Kontexten mit anderen kooperieren müssten, um ihre Nachteile auf dem Arbeitsmarkt, im Kontext der Bildung oder des Zugangs zu Dienstleistungen zu überwinden. Sie wären also besser dran, wenn sie zum Zweck der Kooperation ihre Identität überhaupt suspendierten und begriffen, dass ein Dach über dem Kopf wichtiger ist als die eigene Kultur, das selbstbestimmte Geschlecht oder die Hautfarbe der anderen. Erst kommt das Fressen, dann kommt die Identität. Die Gruppenangehörigen müssten sich im Verhältnis zu allen anderen identitätspolitisch zurücknehmen und materialistisch verstehen. Wer sich materialistisch zu sich selbst verhält, «de*» will «ihr*» eigenen Genuss, und lässt sich nicht damit trösten, dass «sie*» zum Ausgleich für ihr materielles Elend eine Identität hat, auf die «sie*» stolz sein kann.[17]

Die materialistische Verwandlung von vergeistigten Menschen mit einer Identität in Menschen mit Bedürfnissen verletzt aber den kategorischen intersektionalen Imperativ. Dieser ordnet die Umwertung der abgewerteten Identität an.[18] An die Stelle des schamhaften Verbergens und des Duckens

---

[17] Zum Problem siehe Francis Fukuyama, *Identity: Contemporary Identity Politics and the Struggle for Recognition*, London 2018.
[18] Siehe Kimberlé Crenshaw, Mapping the Margins: Intersectionality, Identity Politics and Violence against Women of Color, in: *Stanford Law*

derer, die sich wegen ihrer Identität als sozial abgewertet erfahren, soll demnach die öffentliche Bejahung der beschädigten Identität treten. Ich bin «Tschetschen*in»: Let's celebrate!

Indem die eigene Identität nicht aus dem Weg geräumt, sondern noch einmal affirmativ evaluativ aufgeladen wird, treten die Interessen der «Träger*innen» der Identität in den Hintergrund. Egal, ob jemand arm oder reich, qualifiziert oder minder qualifiziert ist, was zählt, ist die Umwendung des gruppenspezifischen Habitus ins Ich-Ideal. Auch hier begegnet man dem Emotivismus: «Tschetschen*in»! Hurra!

Auf diesem Weg lassen sich aber die wechselseitigen identitätspolitischen Animositäten nicht aus der Welt schaffen. Es steht sogar zu befürchten, dass sie sich verstärken. Deswegen wird es wohl nur selten Koalitionen zwischen «Afrikaner*innen», «Tschetsche*innen» und «Trans*personen» geben. Es ist vielmehr zu erwarten, dass zwischen den Angehörigen verschiedener Gruppen Argwohn herrscht. Deswegen mag der Verdacht aufkeimen, eine Person wolle sich aufwerten lassen, wenn sie das Geschlecht von weiblich auf männlich ändert, oder daran erinnert werden, dass Asiaten und Juden überhaupt nicht zu «marginalisierten» Gruppen gehören, weil sie dafür kulturell viel zu «weiß» seien.[19] Solche Beobachtungen würden, wenn sie aufträten, keinem Zufall entspringen.

Wir haben oben bereits festgestellt, dass die Opfergruppen ihre Diskriminierungserfahrung unter dem Vorzeichen einer epistemischen Asymmetrie und im Bewusstsein ontischer Unvereinbarkeit formulieren (siehe oben S. 118). Sie geben

---

Review 43 (1991) 1241–1299. Siehe dazu auch Stegemann, oben Anm. 1, 94.

[19] Siehe die Nachweise in Helen Pluckrose – James Lindsay, *Cynical Theories: How Activist Scholarship Made Everything about Race, Gender, and Identity—and Why this Harms Everybody*, Durham 2020, 129.

Zeugnis von einer Erfahrung, die nur ihre eigenen Angehörigen wirklich verstehen können, weil man, um dieses Verständnis zu haben, in der spezifischen Opferrelation stehen muss. Man muss dieses Opfer *sein*. Nur Frauen begreifen, was Sexismus wirklich ist, nur «Trans*personen» können sich einen Begriff von der Transphobie machen. Unter diesem Vorzeichen lassen sich schwer Koalitionen bilden, weil sich jede Gruppe von der anderen von vornherein missverstanden fühlen muss. Die Erwartung des wechselseitigen Missverstehens schafft aber kein Vertrauen, sondern Misstrauen.

Wenn aber einer Koalitionsbildung unüberwindliche Hindernisse im Weg stehen, dann können die Opfer ihr «empowerment»[20] nicht durch gemeinsames Agieren suchen. Sie müssen sich auf Antidiskriminierungs- und Fördermaßnahmen verlassen. In diesem Kontext werden die Opfer nach Statusvorteilen schielen (die sich etwa in unterschiedlich strengen Diskriminierungsmaßstäben für unterschiedliche Gruppen manifestieren werden oder in der Allokation von Quoten bei der Besetzung von Posten). Es steht zu erwarten, dass die Opferstatuskonkurrenz von quälender Eifersucht begleitet sein wird.

Den Opfern ist allerdings nicht bewusst, dass das Unterlassen der gemeinsamen Aktion dazu beiträgt, dass sie Opfer bleiben. Keine Diskriminierung ist ohne Mitarbeit der Opfer möglich. Sie funktioniert nur, wenn die Opfer sie ertragen. Die Heroischen unter ihnen werden aufbegehren und kämpfen. Sie werden im Geiste der von Kojève popularisierten Interpretation der Hegelschen Dialektik von Herrschaft und Knechtschaft in einem solchen Kampf ihr Leben aufs Spiel

---

[20] Zur Konjunktur dieses Begriffs siehe weitere Nachweise bei Alexander Somek, The Individualization of Liberty: Europe's Move from Emancipation to Empowerment, in: *Transnational Legal Theory* 4 (2013) 258–282.

setzen.[21] Egal ob die Heroischen obsiegen oder ihr Leben lassen müssen, sie werden sich von der Diskriminierung befreit haben. Und wer stirbt, wird in der Erinnerung verklärt.

Gewiss ist von keinem Menschen eine Heldentat oder ein Heldentod zu erwarten. Dennoch trifft es zu, dass die artige Anpassung ans gesellschaftlich Erwartete, das eilfertige Mitmachen, das Hineinwachsen und Sich-Zurecht-Finden im traditionellen Rollenbild jene Normalität schaffen, hinter deren Fassade die Diskriminierung verschwindet. Sie fällt nicht auf, weil niemand aufzeigt und sagt: «Seht her, ich bin's». Bis vor Kurzem sind Homosexuelle oder «Trans*personen» in der Mitte der Gesellschaft so gut wie nicht vorgekommen. Sie sind unsichtbar geblieben. Ihre Diskriminierung ist daher niemandem außer ihnen aufgefallen, möglicherweise nicht einmal ihnen selbst.[22]

Die Deklassierung der Diskriminierungsopfer verdankt sich einer Form der Mitarbeit, die paradoxerweise genau darin besteht, sich als Opfer zu präsentieren, anstatt mit anderen gemeinsam Widerstand zu leisten. Das öffentliche Vorzeigen der je eigenen Opferschaft schafft zwar im günstigsten Fall Sympathie und ästhetische Resonanz (indem sie etwa in Museen dokumentiert und zur Schau gestellt wird), sie erzeugt aber keinen Druck, etwas an der Klassenlage zu ändern.

Deswegen unterscheiden sich die Pluralität, Heterogenität und Intersektionalität der Opfer von dem, was man als Klasse im vornehmen Sinn bezeichnen kann.[23] Die Klasse im vornehmen Sinn weiß darum, dass sie das Modell einer alter-

---

[21] Siehe Alexandre Kojève, *Hegel: Kommentar zur Phänomenologie des Geistes*, dt. Frankfurt/Main 1975.

[22] Ich übertreibe um des Punkts willen.

[23] «Vornehm» im Sinne eines unbeschwerten Bewusstseins der eigenen Überlegenheit. Siehe Friedrich Nietzsche, Zur Genealogie der

nativen Gesellschaft von freien und gleichen Menschen in sich trägt. Die Angehörigen dieser Klasse verstehen sich als Tätige. Sie begreifen sich auf diese Art nicht nur, weil sie sich für die eigentlichen «Träger*innen» der sozialen Wertschöpfung halten, sondern weil sie eine neue Gesellschaft hervorbringen wollen, die nicht mehr auf dem Prinzip von Statuskonkurrenz basiert und in der die Menschen auf ihre Bedürfnisse und nicht auf ihre soziale Identität achten.

Das Bewusstsein dieser Klasse ist uns verloren gegangen. Deswegen reduziert sich unser Sein, wenn es ein gemeinsames ist, auf das Opfersein.

Moral: Eine Streitschrift, in: *Kritische Studienausgabe*, hrsg. v. G. Colli – M. Montinari, München 1988, Bd. 5, 261, 270.

Moral als Bosheit

· ⚔ ·

Das Verhältnis von Recht und Moral ist die Grundfrage der Rechtsphilosophie. Sie ist es deswegen, weil bei ihrer Beantwortung auf dem Spiel steht, ob und, bejahendenfalls, weshalb das Recht einen signifikanten Beitrag zu unserem vernünftigen Verhalten leistet. Wären wir vernünftige Wesen, auch wenn es das Recht nicht gäbe und wir bloß moralisch wären?

Die Moral ist der Inbegriff der Gründe, die besagen, was wir tun oder nicht tun sollen. Oftmals wird zwischen der individuellen Klugheit oder Rationalität einerseits und der Moral andererseits unterschieden, zumal die Moral im Unterschied zur klugen oder rationalen Verfolgung des Eigeninteresses uns kategorische Gründe gibt, andere zu respektieren und ihre Interessen zu achten.[1] Allerdings ist es sinnvoll, auch die auf das individuelle Wohlergehen bezogenen Gründe der Moral zuzuschlagen; dies nicht nur deswegen, weil die im engeren Sinn moralischen Gründe den Anwendungsbereich der Klugheit einhegen und begrenzen, sondern weil es auch in einem moralischen Sinne gut ist, die eigenen

---

[1] Siehe etwa (zur Klugheit im Sinne der hypothetischen Imperative) Dieter Birnbacher, *Analytische Einführung in die Ethik*, 3. Auflage Berlin 2013, 20; Herlinde Pauer-Studer, *Einführung in die Ethik*, 3. Aufl. Wien 2020, 36.

Interessen zu verfolgen. Die anderen begegnen mir mit ihren Interessen im Raum der Moral als «self-authenticating sources of valid claims».[2] Indem ihre Interessen für mich von Wert sind, darf ich meine eigenen ebenso betrachten. Wie anders wäre denn sonst die Relevanz der Interessen anderer denkbar, wenn meine eigenen Interessen nicht zählen dürften? Und was für eine Moral wäre das, in der mein eigenes Gutes nicht vorkäme?[3]

Die Frage der Moral ist, welches Verhalten gut und richtig ist. Wie man diese Frage rational beantwortet und ob eine rationale Antwort auf sie überhaupt möglich ist, sind die Themen von normativer Ethik und Metaethik, die uns hier nicht weiter beschäftigen sollen. Unser Interesse gilt allgemein dem Verhältnis von Recht und Moral.

Zu diesem lassen sich wenigstens drei Positionen unterscheiden, denen gemeinsam ist, beide voneinander zu trennen. Im Folgenden sei kurz verdeutlicht, worin jeweils ihr Haken besteht.

Nirgendwo findet man das Verhältnis von Recht und Moral so nonchalant behandelt wie bei den amerikanischen Rechtsrealisten – und bei diesen wohl am deutlichsten bei Felix Cohen.[4] Die Realisten verfahren deswegen so entspannt und klar, weil sie den Rechtsbegriff nicht moralisch aufladen. Das

---

[2] Siehe John Rawls, *Political Liberalism*, New York 1993, 32.

[3] Für entsprechende Relativierungen der Unterscheidung zwischen hypothetischen und kategorischen Imperativen (bzw. von Klugheit und Moral), siehe Christine M. Korsgaard, *Self-Constitution: Agency, Identity, and Integrity*, Oxford 2009, 72; Joseph Raz, *Engaging Reason: On the Theory of Value and Action*, Oxford 1999, 288.

[4] Siehe Felix Cohen, Transcendental Nonsense and the Functional Approach, in: *Columbia Law Review* 35 (1935) 809–849.

Recht manifestiert sich ihres Erachtens im Verhaltensmuster von entscheidenden und Zwang verhängenden Instanzen. Dieses Muster ist begleitet vom Gebrauch von speziellen Begriffen im Kontext der Rechtfertigung von Rechtsfolgen.[5] Ob man als ein zur Entscheidung berufenes Organ zur Reproduktion eines solchen Verhaltensmusters beitragen oder umgekehrt versuchen soll, dieses zu ändern, ist eine moralische Frage.

Diese Perspektive auf das Verhältnis von Recht und Moral ist entwaffnend simpel. Insbesondere erblickt sie in der juristischen Analyse und in der rhetorisch gekonnten Präsentation von Rechtsstandpunkten bloße Mittel, um Ziele zu erreichen, die einem gut dünken. Die realistische Haltung gegenüber dem Recht und den Verfahrensweisen des rechtlichen Wissens ist durchwegs instrumentalistisch. Die Fähigkeit, Rechtsansprüche zu erheben oder zu bestreiten, wird als eine Fertigkeit betrachtet, die auf bestimmten kulturellen Konventionen beruht. Darüber, ob man sie zum Guten oder zum Schlechten verwendet, entscheidet das eigene moralische Urteil.

Es mag so aussehen, als ob diese Position dem moralisch neutralisierten Recht Vorrang einräumt und die Moral nur insofern vorkommen lässt, als diese die Ausübung des juristischen Berufs betrifft. Man mag den Eindruck haben, der Realismus reduziere die Moral auf das, was im englischsprachigen Raum als «legal ethics» bezeichnet wird.[6] Es ginge somit um die moralisch vertretbare Ausübung des Rechtsberufs. Wenn dies die rechtsrealistische Sichtweise wäre,

---

[5] Für eine Einführung siehe Brian Leiter, American Legal Realism, in: *A Companion to Philosophy of Law and Legal Theory*, 2. Aufl., hrsg.v. D. Patterson, Oxford 2010, 249–266.

[6] Siehe etwa David Luban, *Legal Ethics and Human Dignity*, Cambridge 2007.

würde sie mit dem Rechtspositivismus vollends übereinstimmen. Damit würde aber die Pointe des realistischen Ansatzes übersehen. Sie besteht darin, dass unter normativen Vorzeichen das Recht für die Moral kein ernstzunehmender Gegner ist. Für Realisten gibt es nur zwei Fragen: Wie entscheiden die Organe *de facto*? Wie sollen die Organe entscheiden? Die Beantwortung der zweiten Frage fällt in die Zuständigkeit der Moral, denn das Recht ist nicht verbindlich, sondern bloß eine Verkettung von Entscheidungen. Welchen Idealen auch immer das Rechtssystem bei «ordnungsgemäßer» Funktionalität dient, die Ideale sind moralischer Art und unter eben solchen Gesichtspunkten zu rekonstruieren. Ein Gericht ist daher dazu angehalten, wenn es von einer Rechtsprechung abweicht, die Enttäuschung von Erwartungen seitens der Normadressaten gegenüber den Vorteilen einer Rechtsprechungsänderung abzuwägen. Der Schutz des Vertrauens und die guten Konsequenzen einer veränderten Judikatur sind moralische Gesichtspunkte, die bloß auf das Recht angewendet werden.

Das ist eine völlig plausible Sichtweise. In der Tat subordiniert sie das Recht vollständig unter die Moral, weil jenes unabhängig von dieser keine Autorität hat. Für die Radikalität, mit welcher der Rechtsrealismus verfährt, entrichtet er aber einen Preis. Aus dem Blick gerät nämlich, dass das Recht es uns gestattet, moralische Konflikte aufzulösen. Auf der Grundlage des Rechts wird entschieden. Was entschieden worden ist, das gilt, weil es eine Entscheidung gibt. Dem amerikanischen Rechtsrealismus geht dieses Vorzeichen, unter dem das Entscheiden steht, verloren. Deswegen ist er zumindest unvollständig.

· ↗ ·

Der Rechtspositivismus ist dafür bekannt, auf der Trennung von Recht und Moral zu bestehen.[7] Diese «Trennungsthese» wird mitunter so dargestellt, als gebe es keine notwendige Beziehung zwischen Recht und Moral.[8] Es sei zwar möglich, im Recht moralische Gehalte zu integrieren, dies müsse aber nicht sein, damit das Recht existieren könne.

Die Charakterisierung des Rechtspositivismus mit dem Notwendigkeitsoperator ist unterdessen in Zweifel gezogen worden, weil es insofern selbstverständlich «notwendige» Beziehungen von Recht und Moral gebe, als beide auf menschliches Verhalten abzielen.[9] Aber das soll die Trennungsthese selbst nicht erschüttern. Wenn moralische Gehalte relevant sind, dann nur kontingenterweise. Was letztlich zählt, seien die sozialen Fakten. Deswegen stellen manche Rechtspositivisten nun auf die Betonung von Faktizität um. Der Rechtspositivismus behauptet, dass das positive Recht auf sozialen Fakten beruhe, und das gelte eben auch für die kontingente Relevanz von Moral.

Aufgrund der Trennungsthese ist der Rechtspositivismus zunächst dazu disponiert, «inklusiv» zu sein.[10] Er ist dies dann, wenn Rechtspositivisten konzedieren, dass sich das Recht moralische Gehalte zu Eigen machen könne und in einem solchen Fall «inkorporiere». Das klingt – und ist –

---

[7] Siehe H.L.A. Hart, Positivism and the Separation of Law and Morals, in: *Harvard Law Review* 71 (1958) 593–621.

[8] Siehe Jules Coleman – Brian Leiter, Legal Positivism, in: *Companion*, oben Anm. 5, 228–248.

[9] Siehe dazu John Gardner, *Law as a Leap of Faith: Essays on Law in General*, Oxford 2012, 19–53.

[10] Siehe W.J. Waluchow, *Inclusive Legal Positivism*, Oxford 1994; Jules L. Coleman, *The Practice of Principle: In Defence of a Pragmatist Approach to Legal Theory*, Oxford 2001.

banal. Interessanter wird es erst dann, wenn man den Gedanken weiterentwickelt und rekonstruiert, wie sich das Recht den moralischen Objektivitätsanspruch *de facto* einverleiben könne.

Ein dezidiert «inklusiver Rechtspositivismus» ist dort entstanden, wo die positivistische Ontologie der Normen, die von «Imperativen», «hypothetischen Urteilen» oder einfach von «Regeln» spricht, nicht so recht auf das passt, wovon im juristischen Diskurs die Rede ist.[11] Das trifft vor allem auf die Tradition des Common Law zu, das sowieso viel enger an der moralischen Urteilskraft orientiert ist als die zivilrechtlich-kontinentaleuropäische Tradition,[12] welche die Ordonanzen absoluter Herrscher als Rechtsparadigma gedanklich nie so recht überwinden konnte. Also musste gerade im Bereich des Common Law, um den Rechtspositivismus verteidigen zu können, die Inklusion besser rekonstruiert werden, etwa indem man behauptet, die oberste Erkenntnisregel eines Rechtssystems enthalte das Gebot, moralisch gehaltvolle Fragen nach bestem Wissen und Gewissen zu entscheiden, also aufgrund dessen, was dem entscheidenden Organ als moralisch richtig dünkt. Auf diese Art wird das, was die Organe für moralische Objektivität *halten*, in das Recht inkorporiert. Es wird ihnen, um es in der Sprache der Reinen Rechtslehre auszudrücken, eine Ermächtigung erteilt, ihre Moralvorstellungen zu positivem Recht zu erheben. Deswegen muss man sich aus rechtspositivistischer Sicht vor Bestimmungen, die weites Ermessen einräumen, in Acht nehmen. Was die Rechtsanwender aus ihnen machen, könnte recht abenteuerlich ausfallen, denn unter dem Vorzeichen der Moral lassen

---

[11] Siehe Ronald Dworkin, *Taking Rights Seriously*, 2. Aufl. Cambridge, Mass. 1978, 22–45.

[12] Siehe Melvin Eisenberg, *The Nature of the Common Law*, Cambridge, Mass. 1991.

sich viele verschiedene und mitunter auch verstiegene Standpunkte beziehen.[13]

Es ist deutlich zu sehen, dass der Bauplan des «inklusiven Rechtspositivismus» ein Reflex der Trennung von Recht und Moral ist. Wenn es sich bei dem einen und der anderen um zwei unterschiedliche Mengen von Normen handelt, dann kann es sich, wenn es Beziehungen zwischen beiden gibt, nur um so etwas wie eine «Inkorporation» oder eine «Verweisung» handeln.

Aber auch das ist eigentlich ziemlich banal. Leider ist es mehr als das. Es ist falsch. Die Beziehung zwischen Recht und Moral betrifft nicht Mengen verschiedenartiger Normen, sondern das Verhältnis zwischen der Rechtsgeltung und dem moralischen Urteil.

Mit vergleichsweise größerer Raffinesse tritt demgegenüber der sogenannte exklusive Rechtspositivismus auf.[14] Nach dessen Auffassung erklärt sich die Autorität des Rechts aus der Unterlassung des selbstbestimmten moralischen Handelns. Wir *lassen* demnach eine Rechtsnorm aus Einsicht darin *gelten*, dass es unvernünftiger wäre, dem eigenen moralischen Urteil zu folgen, weil wir unsere moralische Pflicht mitunter besser erfüllen, wenn wir uns dem Urteil einer Autorität unterwerfen.[15] Die Covid-Maßnahmen bieten ein Musterbeispiel dafür. Moralisch sind wir verpflichtet, die

---

[13] Siehe Hans Kelsen, Wesen und Entwicklung der Staatsgerichtsbarkeit, in: *Die Wiener Rechtstheoretische Schule*, hrsg. v. H. Klecatsky et al., Wien 1968, 1813–1873, hier: 1851–1854.

[14] Für eine Zusammenfassung der Position siehe Joseph Raz, *Between Authority and Interpretation: On the Theory of Law and Practical Reason*, Oxford 2009, 182–202.

[15] Siehe Joseph Raz, *The Morality of Freedom*, Oxford 1986, 38–69.

Gesundheit anderer Menschen nicht zu gefährden (und uns vielleicht sogar um uns selbst zu sorgen). Um dieser Verpflichtung zu genügen, ist im Fall einer ansteckenden Krankheit eine Risikoeinschätzung vorzunehmen und daran anschließend eine Art Risikomanagement zu entwickeln. Was die Menschen in diesem Kontext für geeignet und erforderlich erachten, wird in nicht geringem Umfang von ihrer Weltanschauung bestimmt sein.[16] Da die Weltanschauungen der Menschen verschieden sind, werden die Menschen zu ganz unterschiedlichen Schlussfolgerungen gelangen und aufgrund dieser handeln. Damit treten zwei Probleme auf. Entweder misslingt die Verhaltenskoordination gänzlich oder aber sie spielt sich auf den am wenigsten fordernden Standard ein. Denn wenn diejenigen, die aufgrund ihrer rücksichtsvollen Einstellung viel Vorsicht walten lassen, die Erfahrung machen, dass viele andere eher leichtsinnig sind, werden sie vielleicht einsehen, dass ihre Vorsicht angesichts des sie umgebenden Leichtsinns nichts fruchtet. Also werden sie auch leichtsinnig werden. Im Resultat wird das moralische Gebot, die Gesundheit anderer Menschen nicht zu gefährden, nicht erfüllt. Deswegen gebietet die Moral, auf das eigene moralische Urteil zu verzichten, und den Anordnungen einer Autorität zu folgen – vor allem dann, wenn die Autorität kompetent beraten ist.

Die von der Autorität erlassenen Regeln schließen es solcherart aus, dass wir uns selbst direkt an moralischen Grundsätzen orientieren. Die Regeln, die von dieser Autorität angeordnet werden, schließen die Relevanz des eigenen Urteils

---

[16] Siehe dazu bloß Dan M. Kahan, The Gun Control Debate: A Culture-Theory Manifesto, in: *Washington and Lee Law Review* 60 (2003) 3–12.

aus. Deswegen spricht man – im Fall des Rechts – von «exklusivem» Rechtspositivismus.

Aus der Sicht dieser Position ist der «inklusive» Rechtspositivismus paradox. Weshalb sollte das Recht, das zunächst auf dem Ausschluss des moralischen Urteils beruht, das, was es zunächst ausschließt, wieder einschließen? Im besten Fall verweist das Recht auf die Relevanz der Moral zurück, indem es ihr den Raum belässt, den sie bereits zuvor eingenommen hat.

Der exklusive Rechtspositivismus beruht auf einem richtigen Gedanken. Das Recht entsteht, indem das moralische Urteil eine «self-denying ordinance» gegen sich selbst erlässt. Allerdings wird dieser Sachverhalt im Kontext des exklusiven Rechtspositivismus bloß subjektiv und nicht intersubjektiv gefasst. Damit wird der Umstand vernachlässigt, dass das Recht die externe Beziehung zwischen Menschen betrifft. Wenn eine Person die Autorität einer anderen anerkennt, für sie zu bestimmen, was sie zu tun oder zu unterlassen hat, dann verzichtet sie für die Regelung der gemeinsamen Angelegenheiten zu deren Gunsten auf das eigene Urteil. Dieser Verzicht konstituiert eine Beziehung zwischen den Personen. Der exklusive Rechtspositivismus ignoriert diese Beziehung und vernachlässigt die Konsequenz der in dem intersubjektiven Verhältnis beschlossenen inhaltlichen Distanzierung. Wer die Autorität einer anderen Person anerkennt, enthält sich mit dem Verzicht auf die Relevanz des eigenen Urteils auch der *inhaltlichen* Anerkennung des Urteils des anderen. Die anerkennende Person kann sich darauf zurückziehen zu sagen, dass sie nicht beurteilen könne, ob das Urteil inhaltlich richtig sei, sondern bloß zur Kenntnis nehmen, dass ein anderer die Kompetenz habe, es zu fällen und umzusetzen. Dem exklusiven Rechtspositivismus entgeht damit das Paradoxon der praktischen Autorität. Zwar mag diese darin begründet sein, es den Menschen zu ermöglichen, ihre moralischen Pflichten zu erfüllen, aber wegen der Distanzierung vom Inhalt einer autoritativen Anordnung werden diese Pflichten *als* Rechtspflichten verstanden und erfüllt. Anerkannt wird die soziale Autorität. Damit wechselt auch der Brennpunkt der Auseinandersetzung von der Sache zur Beurteilung der Kompetenz, in der Sache eine Entscheidung zu fällen, auch wenn die Einschätzungen kontrovers bleiben mögen.

Der exklusive Ansatz ist also um die intersubjektive Dimension zu erweitern. Das Recht reguliert das «externe» Verhältnis von Menschen. Und extern bedeutet nicht nur, dass Menschen in der realen Welt aufeinander einwirken, sondern dass uns unsere praktische Vernunft, die uns gemeinsam ist und die wir miteinander teilen, im externen Verhältnis in «veranderter» Form begegnet.[17] Manifest ist das darin, dass andere Menschen die Sachverhalte im Lichte normativer Maßstäbe anders wahrnehmen und bewerten als wir. Um uns verständlich zu machen, was die anderen denken, wenn sie in gewisser Weise entscheiden oder bestimmte Auffassungen vertreten, müssen wir «passing theories»[18] darüber entwickeln, was sie für vernünftig halten. Dazu ist es erforderlich, die performative Einstellung[19] einer «Teilnehmer*in» an prak-

---

[17] Siehe dazu Alexander Somek, *Rechtstheorie zur Einführung*, Hamburg 2017, 26–27, 195–196.

[18] Im Kontext der Bedeutungsexplikation werden solche Theorien von Sprechern entwickelt, um sich die Äußerungen anderer verständlich zu machen. See Donald Davidson, A Nice Derangement of Epitaphs, in: *Truth and Interpretation*, hrsg. v. E. LePore, Oxford: 1986, 433–446 hier: 442.

[19] Siehe Jürgen Habermas, *Philosophische Texte*, Bd. 3: *Diskursethik*, 4. Aufl. Berlin: 2019, 424.

tischen Diskursen zugunsten der objektivierenden Einstellung «ein*» historisch und situativ «Beobachter*in» zu verlassen. Was andere denken und wollen, erscheint uns dann als geschichtliches Phänomen. Damit stößt die praktische Vernunft auf eine ihr inhärente Faktizität, durch die sie erst möglich ist.

Die geradlinige Antwort auf die Frage nach dem Verhältnis von Recht und Moral lautet also, dass das Recht sich von der Moral unterscheidet, indem diese sich von sich selbst unterscheidet und damit zu etwas anderem wird. In dem Moment, in dem die Moral sich von sich selbst unterscheidet, unterscheidet sich das Recht von der Moral.

Das Recht ist von der Moral verschieden, auch wenn die Bestimmung seines Umfangs und seines Inhalts nicht ohne moralische Gründe auskommt. Über den Umfang einer jeden Kompetenz lässt sich streiten. Aber am Ende jedes Streits steht eine Entscheidung. Das Recht wird paradigmatisch durch bindende Entscheidungen gewusst. Aber Entscheidungen sind neben geteilten Rechtsanschauungen («Gewohnheitsrecht») und den impliziten Voraussetzungen von Routinen der Rechtsanwendung nur eine Form, in der die Faktizität der praktischen Vernunft im Medium des Rechts ihrer selbst ansichtig wird.[20]

Das Recht wird oft so dargestellt, als ob es moralische Fundamentalwerte vor dem Schicksal der kränkelnden Blässe des Gedankens bewahrt, indem es gleichsam einen Polizeiapparat zu deren Schutz bereit stellt.[21] Damit wird der Sach-

---

[20] Siehe näher Alexander Somek, *Wissen des Rechts*, Tübingen 2018.
[21] Siehe mit viel Nuance Frederick Schauer, *The Force of Law*, Cambridge, Mass. 2015.

verhalt verkehrt. Die zwangsbewehrte Durchsetzung von Fundamentalwerten ist bloß ein Reflex des Umstandes, dass das Recht den Bereich ausfällt, in dem die «veranderte» Vernunft sich realisieren darf. Das Recht bezeichnet die Domäne der vernünftigen Auffassungsunterschiede negativ. Es legt fest, worüber es trotz eines Dissenses keine Entscheidung geben darf oder unter welchen eingeschränkten Bedingungen wir uns dies gestatten dürfen.

Das Recht nimmt moralische Gehalte in sich mit nichtmoralischen Mitteln auf. Es appelliert nicht an die Einsicht in die Sache. Zwar ist es seiner Form nach moralisch gehaltvoll, zumal das Rechtsverhältnis auf der Gegenseitigkeit gleicher Freiheit beruht,[22] es absorbiert aber diese Gehalte, indem es das Problem der Moral überwindet.

Dieses Problem wird oft dahingehend charakterisiert, dass die Moral zwar gehaltvoll, aber weich sei, weil sie bloß an den guten Willen der Menschen appellieren könne oder zu ihrer effektiven Umsetzung auf sozialen Druck vertrauen müsse.[23] Das gelte insbesondere auch für die Fundamentalwerte, die den Spielraum begrenzen, innerhalb dessen kontroverse Auffassungen als Recht umgesetzt werden dürfen. Aber diese Auffassung trifft nicht ins Schwarze. Die zwangsbewehrte Natur des Rechts ist ein Reflex der Notwendigkeit, zu einem gemeinsamen Standpunkt zu gelangen und diesen durchzusetzen und keine Frage, ob inhaltlich Wichtiges auf einen widerstrebenden Willen hinreichenden Druck ausüben kann. Das Recht ist nicht die mit Effektivitätsgarantie ausgestattete

---

[22] Siehe Alexander Somek, *Rechtsphilosophie zur Einführung*, Hamburg 2018, 34–35.

[23] Siehe die Diskussion der verschiedenen Auffassungen bei Schauer, oben Anm. 21.

Moral. Eine mit heiligem Willen ausgestattete Gemeinschaft,[24] deren Mitglieder immer von sich aus und sogar ohne innere Nötigung heraus das Richtige täten, wäre trotz vollständiger Effektivität kein Anwendungsfall einer Rechtsgemeinschaft.

Das Problem der Moral, das vom Recht gelöst wird, besteht darin, ihre eigene Unbestimmtheit zu verkennen. An die Stelle der scheinbaren Bestimmtheit der Moral tritt die geschichtliche Bestimmtheit des Rechts. Dazu muss sich die Moral selbst zum Problem werden und erkennen, dass es nicht immer vernünftig ist, in der Frage, was wir tun sollen, übereinzustimmen. Moral wird zum Problem, wenn wir realisieren, dass es vernünftiger ist, Dissense zu entfalten, anstatt harmonisch eines Sinnes zu sein.

Nun ist es Geltungsansprüchen gewiss inhärent, allgemeine Beistimmung zu erheischen. Daraus erklärt sich, dass die Diskurstheorie das Einverständnis als das Ziel aller Verständigung identifiziert.[25] Allerdings gehört es zu den Bedingungen eines *vernünftigen* Konsenses, die im Dissens liegende intellektuelle Herausforderung präsent zu halten. Das ist eine wesentliche Lehre, die aus Mills Freiheitsschrift gezogen werden kann.[26] Auch unsere gefestigtsten Überzeugungen lassen sich vor dem Schicksal, zu bloßen Dogmen zu degenerieren, nur dann bewahren, wenn wir ihnen immer

---

[24] Siehe Immanuel Kant, *Grundlegung zur Metaphysik der Sitten*, hrsg. v. B. Kraft – D. Schönecker, Hamburg 1999, 36 (AA 414).
[25] Siehe Jürgen Habermas, Was heißt Universalpragmatik? in: *Sprachpragmatik und Philosophie*, hrsg. v. K.-O. Apel, Frankfurt/Main 1976, 174–273, hier: 176: «Ziel der Verständigung ist die Herbeiführung eines *Einverständnisses*, welches in der intersubjektiven Gemeinsamkeit des wechselseitigen Verstehens, des geteilten Wissens, des gegenseitigen Vertrauens und des miteinander Übereinstimmens terminiert.»
[26] Siehe John Stuart Mill, On Liberty, In: *On Liberty in Focus*, hrsg. v. J. Gray and G. W. Smith, London and New York 1991, 21–128, hier: 41, 61.

wieder diskursiv auf den Grund gehen müssen. Für die entsprechende Herausforderung sorgt der Dissens. Vernunft und Entscheidung gehören daher zusammen. Nur in der argumentativen Auseinandersetzung kann die Vernunft wachsen. Eine dieser Wachstumsbedingungen ist, dass am Ende des langen Redens der kurze Sinn einer Entscheidung stehen darf.

Wenn man es verabsäumt, diese Modifikation des Geltungsanspruchs der Vernunft mitzuvollziehen, dann mag man in seinem moralischen Urteil leicht dem Fanatismus verfallen.[27]

Laut Hare begegnet man dem moralischen Fanatismus entweder in unreiner oder in reiner Form.[28] Der unreine Fanatismus äußert sich im sturen Festhalten an intuitiv einleuchtenden Prinzipien in Situationen, in denen sich die Frage stellt, ob nicht anderen Prinzipien der Vorzug gebührt. Hare diskutiert dies am Beispiel eines Arztes, der seine Pflicht erfüllt, das Leben von Patienten zu erhalten, selbst wenn er ihnen dadurch viel Leid verursacht.[29] Ein solcher Arzt halte stur am Prinzip der Lebenserhaltung fest und lasse das Prinzip der Leidvermeidung außer Acht, ohne aber auf die kritische Ebene des moralischen Urteils zu wechseln, auf der mit Blick auf ein Moralprinzip zu beurteilen wäre, welchem Prinzip weshalb in welcher Situation der Vorrang gebührt.[30] Der reine Fanatismus tritt auf dieser kritischen Ebene zutage.

---

[27] Siehe R.M. Hare, *Freiheit und Vernunft*, dt. Frankfurt/Main 1983, 130.

[28] Mit dem Fanatismus hat sich R.M. Hare intensiv auseinandergesetzt. Siehe R.M. Hare, *Moral Thinking: Its Levels, Method and Point*, Oxford 1981, 170–178. Siehe die Diskussion bei Robert K. Fullinwider, 'Fanaticism and Hare's Moral Theory' in: *Ethics* 87 (1977) 165–173.

[29] Siehe Hare oben Anm. 28, 174–175, 177.

[30] Siehe Hare oben Anm. 28, 170–171.

Er genügt der Form des moralischen Urteils und achtet auf die Verallgemeinerungsfähigkeit. Im Zuge der Verallgemeinerung begegnen Fanatiker aber Menschen mit der Erwartung an ihre Eigenschaften, Haltungen oder Dispositionen (ihrem «Charakter»), die sich nicht ohne Weiteres allgemein fordern lassen.

Die Universalisierung erfordert, dass, wer anderen zumutet, etwas zu dulden oder zu tun, selbst bereit sein muss, es zu dulden und zu tun, wenn er oder sie sich in der Lage jener anderen befände. Nur unter dieser Bedingung begegnet die urteilende Person den anderen als ein vernünftig urteilendes Wesen unter anderen. Der Bezug auf die individuelle Person verschwindet.[31] Vernünftig urteilt, wer sich nicht bloß aufgrund des eigenen Selbstseins als fundamental anders als die anderen begreift und deswegen Vorrechte für sich in Anspruch nimmt. Eine solche Person könnte ihre herausgehobene Stellung nicht öffentlich begründen, weil durch die vorausgesetzte fundamentale Ungleichheit jegliche Rechtfertigung ausgeschlossen wäre. Wer ungleich ist, muss sich nicht vor Ungleichen rechtfertigen. Wenn man dies dennoch forderte, würde die Gleichheit wiederhergestellt.

Dem reinen Fanatismus begegnet man, wenn der Anspruch auf Universalisierung zwar erhoben wird, es diesem aber an universalisierbaren Voraussetzungen gebricht. Hares Musterbeispiel für den moralischen Fanatiker ist der verallgemeinernde Nazi.[32] Ein solcher behauptet für den Fall, dass er sich als jüdisch entpuppen sollte, seiner eigenen Vernichtung zuzustimmen. Dies ist gewiss ein eher exzentrischer Fall. Aber er verdeutlicht, worum es im Kern geht. Es geht nicht darum, dass der Judenhass in einen Selbsthass umschlagen

---

[31] Siehe Hare, oben Anm. 28, hier: 42, 89.
[32] Siehe Hare, oben Anm. 27; 191–192; ders., oben Anm. 28, 170, 175.

würde, der ihn zur Entleibung motivierte. Solcher Hass ist natürlich auch nichts Gutes. Es kommt darauf an, dass der verallgemeinernde Nazi den Juden eine übertriebene Opferbereitschaft zumutet, *indem* er behauptet, dass er sich opfern lassen würde, wenn er selbst Jude wäre. Nun ist es so gut wie ausgeschlossen, dass der Nazi mit Ariernachweis sich als Jude herausstellt. Der Nazi verallgemeinert zwar, aber die Verallgemeinerung bleibt realistischerweise hypothetisch und damit partikular.

Dasselbe Problem würde allerdings auch dann auftreten, wenn ein religiöser Fanatiker von seinen Mitgläubigen forderte, sich ebenfalls in die Luft zu sprengen, und sogleich mit gutem Beispiel voranginge. Ebenso wäre der Nazi fanatisch, wenn er sich nach stattgefundener Feststellung seiner «rassischen Minderwertigkeit» zur Vergasung meldete. Seine Opferbereitschaft grenzte ans Absurde.

Allerdings ist der Fanatismus, der sich in der Nähe zur Heuchelei aufhält, der für unser Thema interessantere Fall.

· ⚔ ·

Der Fanatismus begegnet einem nicht nur in solchen extremen Beispielen. Auch die Vertreter eines wettbewerbsorientierten Liberalismus können in diese Kategorie fallen. Sie erwarten von allen Menschen die gleiche «Wettbewerbsfähigkeit». Nun sind nicht alle Menschen gleich wettbewerbsfähig und selbst wenn sie dies wären, müssten sie dies nicht sein. Ob sich Urteilende vom Fanatismus fernhalten, ist also eine Frage ihres Einfühlungsvermögens und der Beachtung jener moralischen Maxime zweiter Ordnung, die besagt, man könne mit sich selbst zwar streng sein, müsse anderen gegenüber jedoch Milde walten lassen.[33]

---

[33] Siehe Fullinwider, oben Anm. 28, 110–111, 117.

Die Existenz und Attraktivität dieser Maxime deuten auf ein tiefer liegendes Problem hin. Wir begreifen einander nicht als homogen. Wenn man diesen Befund positiv wendet und umdreht, bedeutet dies, dass Verallgemeinerungen nur dann gelingen können, wenn sie auf «sittlichen» Voraussetzungen beruhen. Manifest werden diese an den sozial geteilten normativen Erwartungen an den menschlichen Charakter. Der Mensch sei fleißig, aufmerksam und ergeben. Gegen diese Erwartung lässt sich nichts einwenden, solange sie freiwillig angenommen wird oder unter dem Vorzeichen von gegenseitigen Vorteilen steht. Wer vom Fleiß, der Aufmerksamkeit und Beflissenheit anderer profitiert, muss gut begründen, warum ihm oder ihr die Ausbildung der relevanten Dispositionen nicht zumutbar sei (obwohl dies unter Hinweis auf die wünschenswerte Vielfalt von Lebensformen gelingen könnte). Es muss aber zweifelhaft erscheinen, ob sie sich unabhängig von Lebensformen, in denen Menschen ihr Gutes finden, verallgemeinern lassen. Es ist nichts dagegen einzuwenden, wenn Menschen lethargisch und bedächtig sind. Ob und in welchem Umfang sich die Lebensenergie oder die Lebenslethargie in der allgemeinen Lebenspraxis durchsetzen, ist eine Frage von sozialen Kämpfen oder von Verständigungsprozessen, in denen auch Aspekte wie Wohlgefallen an Lebensweisen eine Rolle spielen. Die praktische Vernunft ist eminent praktisch. Sie stellt sich in der Praxis her.

· ⚹ ·

Man mag nun geneigt sein – in Analogie zur Sozialpathologie[34] – das fanatische moralische Urteil als Ausdruck einer

---

[34] Nach Honneth entstehen soziale Pathologien dann, wenn Gesellschaftsmitglieder den normativen Gehalt einer institutionalisierten Praxis systematisch missverstehen. Siehe Axel Honneth, *Pathologien der Vernunft: Geschichte und Gegenwart der kritischen Theorie*, Frankfurt/

moralischen Pathologie zu betrachten, etwa im Sinne einer erkrankten Überhitzung des moralischen Urteils, die man gemeinhin dem Phänomen des «Moralismus» zuordnet.[35] Indes ist das fanatische moralische Urteil falsch. In ihm wird parteilich, was der Form nach als unparteilich intendiert ist. Das Urteil wird falsch, weil es verallgemeinert, wo die Verallgemeinerungsfähigkeit entweder nicht gegeben oder ungeklärt ist.

Ob wir die Eigenschaften ausbilden sollen, die uns wettbewerbsfähig machen, ist eine Frage des persönlichen Lebensideals, wenn man von Kontexten der antagonistischen Kooperation zum wechselseitigen Vorteil absieht.[36] Wer sie nicht ausbildet, muss dafür wahrscheinlich den Preis entrichten, beruflich weniger erfolgreich zu sein. Nun mag man sagen, dass Eigenschaften wie Zielstrebigkeit, Geschwindigkeit und psychische Belastbarkeit für uns alle gut seien, weil die «Leistungsträger» der Gesellschaft auf ihrer Grundlage größeren Wohlstand schaffen als erzielt werden würde, wenn jeder eine ruhige Kugel schöbe. Auch die Schlaffen und Matten profitieren von den Anstrengungen der Unternehmerischen und Beharrlichen. Allerdings kann die allgemeine

---

Main 2007, 30, 41; ders., *Das Recht der Freiheit: Grundriss einer demokratischen Sittlichkeit*, Berlin 2011, 206.

[35] Der «Moralismus» ist im Verhältnis zum Fanatismus der weitere Begriff. Man kann darunter eine Praxis des Urteils verstehen, die sich zur Steigerung der persönlichen Wichtigkeit in der ostentativen und übereifrigen moralischen Verachtung anderer übt. Sie mutet gleichzeitig heuchlerisch an, weil sie den Verdacht regt, dass die urteilende Person den angewendeten Maßstab nicht gegen sich selbst gelten lassen würde. Siehe Fullinwider, oben Anm. 28, 106, 109. Der Komplementärbegriff für das Recht ist der «Juridismus». Siehe Daniel Loick, *Juridismus: Konturen einer kritischen Theorie des Rechts*, Berlin 2017.

[36] Siehe Hartmut Kliemt, *Antagonistische Kooperation: Elementare spieltheoretische Modelle spontaner Ordnungsentstehung*, Freiburg 1986.

Erwartung von Wettbewerbsfähigkeit auch dazu führen, dass Lebensformen verschwinden, die sich durch wechselseitige Sorge und Solidarität auszeichnen. Die Maximierung des Wohlstands ist kein Prinzip, das sich von selbst versteht, wenn der Wohlstand auf Kosten der Freiheit geht, anders als wettbewerbsorientiert zu leben. Gewiss ist eine Welt mit mehr Möglichkeiten wünschenswerter als eine, wo nur wenig getan werden kann, aber es ist nicht ausgemacht, dass eine wohlstandsmaximierende Welt von sich aus auch einen größeren Reichtum an Lebensprojekten zulässt. Welche Charaktereigenschaften von den Menschen erwartet werden, ist historisch-kontingenten Umständen geschuldet. Nicht jede Lebensform, die uns denkbar und manchen wünschenswert erscheint, ist real möglich. Rawls hat dies gelassen ausgesprochen, als er – unter Hinweis auf Isaiah Berlin – festhielt, es gebe keine soziale Welt ohne Verluste.[37]

Wenn diese Beobachtung zutrifft, dann ist der Fanatismus nicht bloß eine Pathologie. Das moralische Urteil ist immer schon auf dem Sprung, boshaft zu sein. Es urteilt über andere, ohne dass die urteilende Person weiß oder wissen kann, ob anderen Menschen die Ausbildung von Eigenschaften oder Dispositionen überhaupt zugemutet werden darf. Anstelle der weisen Zurückhaltung, sich kein Urteil anzumaßen, konfrontiert das moralische Urteil die Beurteilten mit bestimmten Erwartungen.

Daraus erklärt sich, warum die Praxis des moralischen Urteils immer schon die Bosheit in sich aufgenommen hat.

· ⚔ ·

Indem das moralische Urteil behauptet, was es für gut hält, steht die Moral als gesellschaftliche Praxis immer schon *im*

---

[37] Siehe Rawls, oben Anm. 2, 197.

Verdacht, etwas Böses zu tun. Sich in sein Gegenteil zu verkehren, ist dem Urteil immanent. Das bedeutet nicht, dass die Moral sich immer und überall in einen performativen Widerspruch verwickeln muss; aber sie muss kraft ihrer Form den diesbezüglichen Verdacht auf sich ziehen. Die Moral ist notwendig suspekt, unmoralisch zu sein. Ihr Gutsein ist von ihrem eigenen Bösesein überschattet.

Moralische Urteile sind Sprechakte, die jemandem weh tun oder wenigstens weh tun können.[38] Die Moral fügt Schmerzen zu. Moralisch verurteilt zu werden ist kränkend. Es beschädigt Ehre und Ansehen. Wird eine solche Kränkung aus schlechten Gründen zugefügt, dann fällt das moralische Urteil auf jene Ebene zurück, auf der es wie jede andere verächtliche Herabsetzung beleidigt. Der Ausdruck «Rassist» entwürdigt ebenso wie das Wort «Neger». Der einzige Unterschied zwischen beiden besteht darin, dass wir im einen Fall meinen, einige verdienen, so bezeichnet zu werden, und im anderen Fall nicht.

Wenn es inhaltlich zutrifft, darf das moralische Urteil «performativ» kränken. Das macht es so «gemein», vor allem eingedenk des Umstands, dass es verdächtig ist, böse zu sein.

· ⚔ ·

Die emotionale Sprengkraft der Moral entlädt sich deshalb so leicht, weil sie bloß, wenn man es juristisch ausdrücken wollte, über eine «dezentrale» Form der Durchsetzung verfügt. Die Moral ist «subjektiv» in dem Sinne, als letztlich die verletzte

---

[38] Hervorgehoben wird dieser Aspekt der Verteilung von «Achtung» und «Missachtung» (bzw. «Verachtung») in der Moralkritik Luhmanns. Siehe Niklas Luhmann, *Gesellschaftsstruktur und Semantik: Studien zur Wissenssoziologie der modernen Gesellschaft*, Bd. 3, Frankfurt/Main 1989, 361–362. Ihm folgt Bernd Stegemann, *Die Moralfalle: Für eine befreite linke Politik*, Berlin 2018, 22–24.

Person selbst bestimmt, unter welchen Bedingungen sie sich für verletzt erachtet. Das schließt nicht aus, dass sie von «wohlmeinenden» anderen dazu angestachelt wird. Wenn man solcherart zum Adressaten moralischer Vorwürfe wird und diese für unbegründet oder unsinnig hält, ist es am klügsten, den Kontakt mit der urteilenden Person abzubrechen. Schwieriger ist es dann, wenn man eine Beziehung weiterführen will oder muss. Wenn man gutmütig veranlagt ist, mag man in einem solchen Fall sogar bereit sein, etwas auf sich zu nehmen – selbst dann, wenn man unschuldig ist.

Das moralische Urteil wird entweder von den Verletzten oder von mitfühlenden Dritten ausgesprochen. Es ist ein performativer Akt, der selbst moralisch richtig oder falsch sein kann. Wenn die betroffene Person über ein Urteil Unmut verspürt, wird sie geneigt sein, sich für das Verdikt zu rächen. Denn die Moral ist ja so beschaffen, dass jeder die Sühne seiner moralischen Kränkung selbst in die Hand nehmen muss.

Aufgrund des Prinzips der Selbsthilfe kann die Rache nur dann angemessen sein, wenn sie gleichzeitig unangemessen ist.[39] Wer sich rächt, ist zwar um Ausgleich bemüht, aber der Ausgleich vermag nur zu gelingen, wenn er unausgeglichen und unausgewogen ist. Bei der Gegenverletzung muss übertrieben werden. Denn nur durch die Unverhältnismäßigkeit eines Racheakts kann der ursprünglich verletzenden Partei vorgeführt werden, wie beleidigend eine ursprüngliche Kränkung war. Unvermutet wird einem Geld gestohlen. Die Wegnahme derselben Summe vom Täter würde nicht die Gegenseitigkeit wiederherstellen, denn der finanzielle Ausgleich ist ja das Mindeste, was der Geschädigte erwarten darf. Die im überraschenden Angriff liegende Beleidigung würde

---

[39] Siehe zum Folgenden auch Christoph Menke, *Recht und Gewalt*, Berlin 2011, 17–18.

damit aber nicht kompensiert. Etwas Unerwartetes muss also hinzukommen. Aus heiterem Himmel muss eine erneute Verletzung stattfinden. Deswegen gibt es den Kreislauf der Rache. Und natürlich will, wer sich rächt, dem Anderen einen Denkzettel verpassen und andeuten, was noch folgen könnte, wenn es weiterginge.

Die Moral, die jeder selbst in die Hand nimmt, besteht aus einer Verkettung von moralischen Verletzungen, deren Glieder mit der Zeit immer größer werden.

· ⚔ ·

Das fanatische moralische Urteil geht in Heuchelei über. Um das einzusehen, muss man sich bloß an Hares Beispiel vom konsistenten Nazi erinnern. Wer nachweislich «Arier» ist, der kann sich in großer Sicherheit wiegen, nie in die Verlegenheit zu geraten, als Jude enttarnt zu werden. Eine solche Person muss nicht wirklich fürchten, dass der Standard, der zunächst andere betrifft, jemals auf sie selbst angewendet werden wird. Sie muss nicht einmal erwarten, einem anderen Regime mit anderen «rassischen» Präferenzen zum Opfer zu fallen, weil der Nationalsozialismus ziemlich einzigartig dasteht. Außerdem wäre diese Sorge auch nur dann berechtigt, wenn ein Nazi derart verallgemeinerte, dass jeder, der sich als «rassisch minderwertig» herausstellte, auch wenn er nicht Jude wäre, aus dem Volkskörper entfernt werden müsste. Der konsistente Nazi kann davon ausgehen, dass er nicht seinen eigenen Prinzipien zum Opfer fallen wird. Abermals wird die Verallgemeinerung nicht wirklich, sondern nur zum Schein durchgeführt. Das moralische Urteil ist böse. Es begegnet einem die Heuchelei.[40]

---

[40] Siehe dazu bekanntlich G.W.F. Hegel, Grundlinien der Philosophie

Der konsistente Nazi ist ein an den Haaren herbeigezogenes Beispiel. Nicht so weit hergeholt sind die Haltungen wohlhabender Kreise, die von den Menschen, die unter betrüblichen Umständen aufwachsen, erwarten, sich selbst zu helfen und sich aus eigener Kraft aus dem sozialen Sumpf zu ziehen. Sie können solche Forderungen aus sicherer Distanz erheben und sich in Sicherheit wiegen, diese soziale Position niemals selbst einzunehmen. Ihre Haltung mag sogar ihrer Überzeugung entsprechen, dass sie, die sie doch so erfolgreich durchs Leben gehen, über Kräfte verfügen, die sie alles erreichen lassen. Solche Hybris und Überheblichkeit sind ebenfalls Formen der Heuchelei, weil abermals die Exemtion von der Position sozialer Benachteiligung den Bevorzugten die Möglichkeit verschafft, fragwürdige Vergleiche anzustellen und ihnen Gelegenheit bietet, sich vermittels der Verachtung anderer auf die Schulter zu klopfen.

Der Kreis der Heuchelei ist indes noch weiter gezogen. Wer einen Standard auf andere anwendet und des Umstands gewahr ist oder gewahr sein muss, dass dieser einen selbst nie betreffen wird, der nimmt den Standard eigentlich moralisch nicht ernst. Die betreffende Person kann ihn bloß dazu verwenden, um sich im Verhältnis zu anderen zu erhöhen. Die heuchlerische Moral glaubt nicht an das, was sie zu sagen vorgibt, weil sie nur darauf abstellt, andere herabzusetzen und den Urteilenden in ein gutes Licht zu rücken. Deswegen ist es ein untrügliches Zeichen von Heuchelei, wenn das moralische Urteil bloß als Mittel dient, dem Ansehen anderer zu schaden.

Die politische Praxis ist voll davon.

---

des Rechts, *Werke in zwanzig Bänden*, hrsg. v. E. Moldenhauer – K. M. Michel, Frankfurt/Main 1969–1971, Bd. 7, § 140, S. 267–270.

Moral als Bosheit

· ※ ·

So wie der Fanatismus immer schon in Heuchelei übergeht, fließt diese in jene Form der Moralität aus, die vor allem Hegel ein Dorn im Auge war.[41] Es handelt sich, wenn man es salopp ausdrücken will, um die Moralität der «Balkonmuppetts», also derjenigen, die über die Handelnden schlecht urteilen und selbst nie in Verlegenheit geraten, ihre moralische Reinheit durch eigenes, einigermaßen signifikantes Handeln zu beschmutzen.

Wer «etwas tut», die Initiative ergreift oder versucht, die Dinge zu gestalten, den mag das Schicksal ereilen, von der Seitenlinie aus kritisiert zu werden, an der jene stehen, die die Hände in den Schoß legen und mit leidender Miene erdulden, was andere machen. Nietzsche hatte ein feines psychologisches Gespür dafür, wie das betrübliche Gefühl, sozial unsichtbar zu sein, das einen befallen mag, wenn andere, die etwas tun, Aufmerksamkeit auf sich ziehen, durch die moralische Bemäkelung der Tatkräftigen ausgeglichen wird.[42] Das Tun der Untätigen besteht darin, die Handelnden schlechtzureden. Es hebt die Schmach des Unterlassens auf, ohne selbst sich in eine Tat oder ein Werk zu übersetzen. Das kann eine bemerkenswerte Folge haben. Wenn, wie Nietzsche bemerkt, das Ressentiment schöpferisch wird, manifestiert sich die Rache an den Tätigen in der Entwicklung von Schablonen ihres bösen Charakters.[43]

---

[41] Siehe G.W.F. Hegel, *Phänomenologie des Geistes*, Werke, oben Anm. 40, Bd. 3, 458–459, 463. Siehe dazu Allen Speight, *Hegel Literature and the Problem of Agency*, Cambridge 2001, 104–110.

[42] Siehe Friedrich Nietzsche, Zur Genealogie der Moral: Eine Streitschrift, *Kritische Studienausgabe*, hrsg. v. G. Colli – M. Montenari, Bd. 5, 2. Aufl. München 1988, 270–271.

[43] Siehe dazu Gerhard Schweppenhäuser, *Nietzsches Überwindung der Moral*, Würzburg 1988, 67.

Was die Tätigen mit bösen Absichten vorgeblich tun, wird «typisch» für sie.

Der Autor verkörpert einen dieser Typen. Er ist ein alter weißer Mann. Der vorliegende Text ist typisch für einen wie ihn.

· ⚔ ·

Diejenigen, die sich ihren Beruf oder ihren Spaß daraus machen, von der Seitenlinie oder vom Balkon aus auf andere hinüber- und hinunterzukeifen, müssen zwangsläufig dafür hohe moralische Maßstäbe für sich in Anspruch nehmen. Immerhin wollen sie an jedem Handeln etwas auszusetzen finden, das signifikant genug ist, um Aufmerksamkeit auf sich zu ziehen. Daran erkennt man, dass die Moralität der Untätigen mit der Heuchelei verwandt ist und aus dieser hervorgeht. Die hohen («reinen») moralischen Maßstäbe verstärken die Handlungslähmung des Urteilenden. Hegel erstellte eine Diagnose dieser Art unter dem Titel der «schönen Seele»[44] und verhielt sich damit Schiller gegenüber, bei dem der Begriff prominent verwendet wird, nicht fair. Bei Schiller ist die schöne Seele jene, in der sich die Moralität der Gesinnung zwanglos in ein von Affekten bestimmtes Verhalten übersetzt und im Gehabe der Person ausdrückt.[45] Bei Hegel ist eine

---

[44] Siehe Hegel, oben Anm. 41, 484, 491. Siehe dazu Terry Pinkard, *Hegel's Phenomenology: The Sociality of Reason*, Cambridge 1994, 213-214.

[45] Siehe Friedrich Schiller, Über Anmut und Würde, in: *Sämtliche Werke*, Bd. 5, München 1968, 231-285, hier: 265. «Eine schöne Seele nennt man es, wenn sich das sittliche Gefühl aller Empfindungen des Menschen endlich bis zu dem Grad versichert hat, dass es dem Affekt die Leitung des Willens ohne Scheu überlassen darf und nie Gefahr läuft, mit den Entscheidungen desselben im Widerspruch zu stehen. Daher sind bei einer schönen Seele die einzelnen Handlungen eigentlich nicht sittlich, sondern der ganze Charakter ist es.» Die «schöne Seele» hat

solche Seele schön, die nie ihre Innerlichkeit verlässt, um ja nicht die Reinheit ihres Charakters beschmutzt zu sehen. Die schöne Seele ist moralisch empört und aufgewühlt über den Zustand der Welt, sie tut aber nichts, um ihn zu ändern. Sie kann nichts tun, weil sonst ihr Aus- und Ansehen welk und fleckig würde.

Hegels moralpsychologische Diagnosen sind bedrückend aktuell. Sie sind es vor allem, wenn man an jene denkt, die gern sozialen Fortschritt sähen, aber nicht wissen, wie man ihn hervorbringt und daher auch nicht aktiv werden, um ihn zu bewirken. Menschen dieses Schlags entdecken dann im Feuilleton oder in der Blog-Sphäre ihren Balkon, von dem aus sie gemeinsam oder in Auseinandersetzung mit anderen schönen Seelen die Muppet Show eines politischen Aktivismus aufführen, in dessen Kontext Aufrufe, dass etwas getan werden müsse, schon für Handeln gehalten werden. Woran es mangelt, hat Michael Walzer einmal so treffend in kritischer Auseinandersetzung mit dem deliberativen Demokratiemodell skizziert: Flugblätter verteilen, Plakate malen, Zusammentreffen organisieren, gemeinsame Stellungnahmen erarbeiten und so weiter.[46]

· ✗ ·

Das untätige Verurteilen ist die typisch moralische Form der Rache. Es handelt sich um Rache im Zustand der Vergeistigung.[47] Wo Tätige zur Waffe greifen, attackiert sie mit Worten und Schablonen. Allerdings bedarf das Urteil der Bei-

---

allerdings eine weiter zurückreichende und in der Romantik weit verzweigte Geistesgeschichte. Siehe dazu Robert E. Norton, *The Beautiful Soul: Aesthetic Morality in the Eighteenth Century*, Ithaca 1995.

[46] Siehe Michael Walzer, *Thinking Politically: Essays in Political Theory*, hrsg. v. D. Miller, New Haven 2007, 134–146.

[47] Siehe Nietzsche, oben Anm. 42, 267.

stimmung anderer. Jedes moralische Urteil ist mit dem Verdacht belastet, unmoralisch zu sein. Diesen Verdacht gilt es zu ersticken. Zum Verstummen bringen lässt er sich aber nicht durch Begründungen. Sie verunsichern bloß, weil sie Einwände provozieren.[48] Nur die Beistimmung hilft. An sie muss appelliert werden, und sie muss sich spontan einstellen, denn sonst ist sie nichts wert. Die heuchlerische und zum Tun unfähige Moralität macht sich somit kenntlich an der Einmütigkeit, mit der sich der Chor der Entrüstung entlädt (siehe oben S. 76). Sie muss laut sein und toben, um den Verdacht der Inkonsistenz, den sie notwendig auf sich ziehen muss, unterdrücken zu können.[49] Sie verhält sich «emotivistisch». Sie sagt «Buh» und lädt andere dazu ein, ebenfalls «Buh» zu schreien.[50]

Die für die von der Seitenlinie sprechende Moralität typische Untätigkeit lässt sich noch einmal steigern. Sie ist bloß auf das Verurteilen selbst noch zu erstrecken, indem man dabei zusieht, wie andere verurteilt werden. Man schweigt und rührt sich nicht. Geschwiegen wird zumeist aus Angst, etwas Falsches zu sagen und damit selbst der Rage der Einmütigen zum Opfer zu fallen. Phänomene dieser Art sind aus der Erforschung der öffentlichen Meinung bekannt, etwa im Fall der sogenannten «Schweigespirale», die von Elisabeth Noelle-Neumann untersucht worden ist.[51] Demnach halten Menschen mit ihrer Meinung, so sie denn eine haben, lieber hinter dem Berg, wenn sie fürchten, für eine Meinungsäußerung soziale Isolation zu ernten. Das Schweigen der

---

[48] Siehe Niklas Luhmann, *Das Recht der Gesellschaft*, Frankfurt/Main 1993, 352–353, 373–374.
[49] Siehe dazu Stegemann, oben Anm. 38, 42.
[50] Siehe Alexander Miller, *Contemporary Metaethics: An Introduction*, 2. Aufl. Cambridge 2013, 24–30.
[51] Siehe Elisabeth Noelle-Neumann, *Die Schweigespirale: Öffentliche Meinung – unsere soziale Haut*, Zürich – München 1980.

Furchtsamen hängt von der Lautstärke und Selbstgerechtigkeit ab, mit der eine Gruppe ihre Meinung öffentlich kundtut. Deutlich vernehmbare Minderheiten sind daher dazu in der Lage, die Meinungsbildung gesellschaftsweit zu beeinflussen. Wer schweigt, handelt politisch, auch wenn das der schweigenden Mehrheit nicht bewusst ist. Schweigen ist *an sich* politisch.

· ⚜ ·

Zur boshaften Moral gehört aber das Gegenteil dessen, was ein gutes moralisches Urteil sein sollte, nämlich die Unparteilichkeit. Sie zieht den Verdacht der Parteilichkeit auf sich. Er begleitet sie wie ein Schatten.

Diesem Verdacht lässt sich indes die Spitze nehmen, indem man die Unparteilichkeit nicht nur als illusionär, sondern als totalitär desavouiert. Das Ideal der Unparteilichkeit verlange doch, die Partikularität zu einer Einheit zusammenzuziehen und damit die Pluralität der moralischen Subjekte auf eine homogene Subjektivität zu reduzieren.[52] Die daraus resultierende Einheit eines gesamtgesellschaftlichen Subjekts könne in Wahrheit nichts anderes sein als der Abdruck des Wissens und Wollens der dominierenden Gruppe.[53] Die Unparteilichkeit breche, so gesehen, in sich zusammen. Die Inhomogenität der Gruppen, ihrer Kulturen und Sichtweisen müsse daher *gegen* die Unparteilichkeit behauptet werden, um vermöge der bestimmten Negation eines «identifizierenden» Universalismus der Heterogenität Gerechtigkeit widerfahren lassen zu können.[54]

---

[52] So etwa Iris Marion Young, *Justice and the Politics of Difference*, 2. Aufl. Princeton 2011, 100, 102.
[53] Siehe Young, oben Anm. 52, 97–98.
[54] Siehe Young, oben Anm. 52, 98.

An die Stelle der Unparteilichkeit tritt damit die *epistéme* von Gruppen, die alle irgendwie ihr kognitives und moralisches Eigenrecht mitbringen und demgemäß gehört werden sollen. Die Moral der inhomogenen Gruppengesellschaft schafft die Unparteilichkeit ab, ohne deswegen das Beleidigtsein aufzugeben. Überall wittert sie Aggression und mangelnden Respekt. Die Verletzungen haben ihre Wurzel nicht in der vergleichsweisen Bevorzugung der einen oder anderen Gruppe. Mit der Unparteilichkeit ist auch der egalitäre Komparativ außer Kraft gesetzt. Die Verletzung entspringt einer Verkennung des an sich unvergleichlichen Seins des Anderen. Nicht in der Unparteilichkeit liegt der Fehler, sondern in der Verkennung der Eigenart der Gruppe, in der Distanzierung von ihr als «anders» oder in der Unterdrückung ihrer «Sicht». Vom komparativen Unparteilichen bleibt nur dieses Negative. Auf die Unparteilichkeit folgt die Abwehr von Diskriminierung und diese wird zusehends aus dem komparativen Kontext gelöst und zur Frage der verzerrten Ansicht der Anderen (Stereotyp) oder der demütigenden Nichtachtung ihres Soseins. Der Brennpunkt verlagert sich von der ungerechtfertigten Bevorzugung zur Hintansetzung der anderen *als* Andere.

Diese kleine Akzentverschiebung verwandelt das moralische Universum *von Grund auf*. In ihm erhält spezielle Standschaft, wer aufgrund seiner Gruppenzugehörigkeit glaubhaft machen kann, sozial unterdrückt zu sein.[55] Die Gerechtigkeit gegenüber dem Heterogenen enthält allerdings eine paradoxe Wendung. Denn das Sein der Gruppe ist von Unterdrückung nicht unangetastet. Eine «Schwarze*» oder eine «Tschetschen*in» zu sein, hat eine soziale Bedeutung, die für die Betroffenen *prima facie* nicht bloß schmeichelhaft ist.

---

[55] Siehe Young, oben Anm. 52, 39–65.

Zwar mag unter der vorurteilsbeladenen Außenschicht der Gruppenidentität etwas wunderbar Unvergleichliches stecken, das unvergleichlich wunderbar ist, aber das soziale Auge sieht, weil es von außen blickt, zunächst nur die Außenseite. Die Spuren der Unterdrückung lassen sich daher nur ausradieren, wenn der Gruppenmitgliedschaft der Hautgout genommen wird. In einer egalitären Gesellschaft ist das nur möglich, indem man Gruppenmitglieder gleichwertig an der sozialen Zusammenarbeit partizipieren lässt und ihnen Karrieren ermöglicht.

Jedoch entpuppt sich die Gruppengerechtigkeit in der Praxis als etwas anderes. Aus diesem anderen mag sich erklären, weshalb sie so attraktiv erscheint. Wir haben bereits gesehen, dass, wenn und indem die Inklusion von Angehörigen unterdrückter Gruppen gelingt, das Ideal, dem Heterogenen Gerechtigkeit widerfahren zu lassen, ein individualistisches Angesicht erhält (siehe oben 107–112). Das Auftreten von «Schwarzen*» und «Tschetschen*innen» in den Führungsetagen ist ungewöhnlich. Es indiziert nicht nur die außergewöhnliche Wettbewerbsfähigkeit derer, die erfolgreich sind, es ist auch ästhetisch prickelnd. Es ist faszinierend und sieht, solange es nicht gehäuft vorkommt, einzigartig aus. Die Partizipation von Minderheitsangehörigen in herausgehobenen sozialen Positionen, die der Mehrheit vorbehalten gewesen sind, ist spektakulär. Es verleiht den Personen eine besondere Aura. Ihre Biographie muss interessant sein. Offenbar haben sie ein Selbst, das von größerem Umfang als das anderer ist.[56]

---

[56] Zur normativen Erwartung eines «außergewöhnlichen Lebens» in der Spätmoderne siehe Andreas Reckwitz, *Das Ende der Illusionen: Politik, Ökonomie und Kultur in der Spätmoderne*, 2. Aufl. Berlin 2019, 219–220.

Und um dieses große Selbst geht es letztlich auch.⁵⁷ Es nimmt daher nicht Wunder, dass keiner der emanzipierten Gruppen zugemutet wird, sich am Gemeinwohl zu orientieren. Da sie nichts zu verlieren haben, als ihre Unterdrückung, aber keine gemeinsame Welt zu gewinnen haben, dürfen sie sich mit Energie und Lebensfreude in den Wettbewerb um Aufstieg und sozialen Status stürzen.

Die Ausführungen mögen bereits zu erkennen gegeben haben, dass zum moralischen Urteil etwas hinzuzutreten hat, damit sich die Konflikte, die es verursacht, lösen lassen. Ohne Verzeihung und Versöhnung ginge es also nicht gut aus mit der Moral.

Vielleicht vermag die Moral in der Tat nur gut zu sein, indem sie über sich selbst hinauswächst. Die Verzeihung bezeichnet den Punkt, an dem sich etwas moralisch erwarten lässt, das dennoch nur freiwillig gegeben werden kann. Wer verzeiht, erfüllt keine Pflicht, und im Vergeben kann man sich nicht vertreten lassen. Es ist unvertretbar und subjektiv. Mit ihm tritt das Tun in die Moral ein.⁵⁸

Eine andere Form, die Moral über sich hinauswachsen zu sehen, besteht in der ironischen Wendung im Spiel. Die Moral wird gut, wenn sie über sich lachen und weinen kann. Am besten ist sie, wenn sie sich aus den Banden des Ernstes löst. Leider lässt sich der ästhetische Unernst in der Praxis nicht durchhalten. Das Leben lässt sich nicht spielen und ist kein bloßer Traum. Aber es gehört zur menschlichen Praxis, die Erlösung von sich selbst in der Darstellung menschlicher Ver-

---

⁵⁷ Siehe Christopher Lasch, *The Culture of Narcissism: American Life in An Age of Diminished Expectations*, New York – London 1979, 36–41.

⁵⁸ Siehe Hegel, oben Anm. 41, 492.

strickungen zu suchen. In der Literatur zumal begegnet einem ein gesteigerter Sinn für die mangelnde Eindeutigkeit des Erlebens, der durch das moralische Empfinden und Urteilen getilgt wird. Wenn die Vergebung und das Verzeihen auf die Impertinenz der Moral antworten, dann tun dies die literarischen und darstellenden Werke mit Blick auf ihre Borniertheit. Sie geben uns zu verstehen, dass das Leben zu verwickelt ist, um moralisch beurteilt werden zu können.

Auch in der Rechtsbeziehung wächst die Moralität der Gesinnung über sich hinaus. Der Grund des Rechts ist die Sozialdimension des moralischen Urteils in Kombination mit der Einklammerung seiner Sachdimension. Aufgrund beider verwandelt sich das Urteil in ein bloßes Wollen oder eine Entscheidung. Das Urteil eines anderen wird gelten gelassen, ohne dessen Inhalt zu affirmieren. Im gelten lassen steckt ein Element davon, was auch die Vergebung ermöglicht, nämlich die verstohlene Konzession an etwas, was einem kurzsichtig oder unverständlich erscheint. Das Absehen vom Inhalt nimmt dem, was zugestanden wird, überdies den Ernst. Das Recht ist versöhnlich und unernst zugleich. Für die Geltung einer Entscheidung ist es unerheblich, ob der Inhalt geheuchelt ist oder nicht oder ob er einem fanatischen Urteil entspringt. Das Recht befreit die moralischen Gehalte vor ihrer Verwicklung in die Bosheit, indem es den Heucheleiverdacht durch eine Auseinandersetzung mit Machtasymmetrien ersetzt. Nicht die mangelnde Aufrichtigkeit, sondern die Kompetenz im Verhältnis zu denen, die Anordnungen zu befolgen haben, ist das Thema des Rechts. Gewiss bedürften Machtasymmetrien und Kompetenzen einer moralisch gehaltvollen Begründung, aber im Kontext des Rechtsverhältnisses bereiten diese letztlich eine politische Entscheidung vor. Das Recht zerfällt zwar immer wieder in das Spiel der moralischen Gründe und Gegengründe, aber muss sich im Verhältnis zu diesen immer wieder behaupten. Das Verhältnis von Recht und Moral ist, wie erwähnt (siehe oben S. 145), ein tätiges sich von sich selbst Unterscheiden.

Mit dem Eintritt ins Recht überwindet die Moral die Moralität vermöge der Junktimierung von Geltung kraft Entscheidungen und Legalität der Befolgung. Deswegen muss es zu denken geben, wenn auf der Ebene der Legalität bei der Bestimmung des Rechtsinhalts die Heuchelei oder das Duckmäusertum wiederkehren. Das geschieht allenthalben und jederzeit, zumal bei der «Auslegung» unbestimmter Rechtsbegriffe. Es sind dies die Stellen, an denen das Recht darum ringen muss, sich gegenüber der Moralität der Moral zu behaupten.

Das Vergessen der sozialen Frage

· ⚔ ·

Zumindest mancher meiner rassistischen Vorurteile bin ich mir bewusst. Sie sind wohl darauf zurückzuführen, dass ich in meiner Jugend unter anderem amerikanische Fernsehserien wie «Kojak: Einsatz in Manhattan» sah, in denen Schwarze oftmals als brutale Verbrecher dargestellt wurden. Außerdem galten damals – wir sprechen von den 70er Jahren des 20. Jahrhunderts – jene Viertel von amerikanischen Städten, die überwiegend von Schwarzen bewohnt waren, als besonders gefährlich. Einst wurde in den USA noch mehr gemordet als heute. Entsprechend besorgt war ich, als ich 1988 in Cambridge, Massachusetts, mangels leistbarer Alternativen in einer Wohngemeinschaft unterkommen musste, die nahe am Central Square gelegen war, der den Mittelpunkt eines «African-American neighborhood» bildete. Meine Beunruhigung stieg, als ein weißer Polizist mir eines Tages erklärte, er würde nicht einmal am Sonntagvormittag mit seiner Familie über diesen Platz spazieren, weil dies so gefährlich sei. Wie würde meine Ansiedlung dort wohl für mich ausgehen? Jeden Abend trug ich auf dem Weg nach Hause eine geringe Summe Bargeldes bei mir, um für den Fall eines Überfalls sicherzugehen, dass der Räuber eine kleine Beute machen konnte und seine Enttäuschung über einen vergeblichen Bereicherungsversuch nicht an mir auslassen würde. Ich wollte es vermeiden, den Täter zu erzürnen.

Die Erfahrung belehrte mich eines Besseren. In dem knappen Jahr, das ich in dieser Gegend verbrachte, war mir nie etwas zugestoßen. Kein einziges Mal pflanzte sich ein böser schwarzer Mann vor mir auf, um mir was wegzunehmen oder noch größeres Leid zuzufügen. So baut man Vorurteile ab. Aber ich würde heucheln, wenn ich behauptete, dass sie nicht Teil meines Habitus geblieben sind. Wenn ich Menschen mit schwarzer Hautfarbe erblicke, werde ich aufmerksamer als sonst und beobachte genau, wie sie sich verhalten. Dieser Rassismus steckt tief in mir drin. Auch wenn ich darauf achte, ihn mir bewusst zu machen, um ihn zu korrigieren, ist nicht auszuschließen, dass er mitunter unbewusst in mir wirkt und ich auch anderen Gruppen mit ähnlichen negativen Einstellungen begegne.[1]

Ich erwähne diese meine eigenen Erfahrungen, nicht weil ich auf sie etwas halte oder ich mich gerne an meiner Schlechtigkeit weide, sondern um am eigenen Beispiel zu verdeutlichen, wie ablehnende Haltungen unser Verhalten bestimmen. Das ist gang und gäbe. Bedenklich wird es allerdings dann, wenn die Betroffenen benachteiligt werden. Sie werden dann zu Opfern von hartnäckigen Vorurteilen und traditionellen Aversionen. Diese bestehen nicht nur gegenüber Menschen mit dunkler Hautfarbe, sondern auch gegenüber den Angehörigen manch anderer Gruppen, die sozial auffallen, weil sie etwa mit fremdländischem Akzent sprechen,

---

[1] Man kann sich auf unbewusste Vorteile online testen lassen. Siehe https://implicit.harvard.edu/implicit/. Die sozialwissenschaftlichen Voraussetzungen dieser Tests sind natürlich diskussionswürdig. Siehe Olivia Goldhill, The world is relying on a flawed psychological test to fight racism, https://qz.com/1144504/the-world-is-relying-on-a-flawed-psychological-test-to-fight-racism/. (10.6.2021)

oder gegenüber jenen, die sich anders als die Mehrheit verhalten würden, wenn sie sich nicht dazu angehalten sähen, permanent in Deckung zu gehen oder ihre Auffälligkeit zu verbergen.

Ohne Zweifel ist es wichtig, die daraus resultierenden arbiträren Benachteiligungen zu verhindern oder zu korrigieren.[2] In den letzten Jahrzehnten ist dies zu einem politischen Programm erhoben worden, mit dem man den Namen «Inklusion» verbindet. Er steht für die Schaffung einer Gesellschaft, die allen Menschen offensteht, unabhängig davon, welcher sozialen Gruppe sie angehören oder woher sie kommen. Diesem Inklusionsziel dienen Diskriminierungsverbote, Förderungsprogramme, Quotenregelungen und die vielerseits und vielseitig beteuerte Wertschätzung von Gruppen, die als «marginalisiert» gelten. Die Inklusion ist ein nicht unwesentlicher Bestandteil der Politik das 21. Jahrhunderts geworden, macht aber dort nicht halt. Vor allem auch Kunstschaffende, die als progressiv gelten wollen, sind wohlberaten, ihre Werke mit Inklusionsbotschaften zu versehen oder jene an den Pranger zu stellen, die für die Exklusion (zumeist von Fremden) eintreten. Moralisch gute Kunst hat antipopulistisch zu sein. Auch Unternehmen und Bildungseinrichtungen steht es gut zu Gesicht, wenn sie auf ihrer Homepage eine «diverse» Belegschaft vorzeigen können. Als Paradigma des sozialen Zusammenhalts strahlt die Inklusion in viele Bereiche der Gesellschaft aus.

---

[2] «Arbiträr» sind Merkmale dann, wenn ihre Verwendung in keinem durchsichtigen Zusammenhang mit einem verfolgten legitimen Handlungszweck steht. Wenn eine Person für eine Position qualifiziert ist, wäre es arbiträr, sie bloß aufgrund ihres Geschlechts oder ihrer Hautfarbe nicht anzustellen.

· ⌀ ·

Wollte man das Inklusionsparadigma metaphorisch charakterisieren, böte sich vorzugsweise die Hygiene als Vergleichsfolie an. Die Inklusion gebietet, das soziale Verhalten vom Einfluss schlechter Haltungen zu *reinigen* und damit Ausgrenzungen zu vermeiden. Die Grundstruktur sozialer Kooperation, die auf dem dezentralen Austausch auf Märkten beruht, lässt sie gleichwohl unangetastet. Suggeriert wird damit, dass diese Struktur an sich unschuldig ist und das Schuldvolle in sie durch diejenigen hereingetragen wird, die an ihr teilnehmen. Das Netzwerk von Transaktionen, deren Movens das Eigeninteresse ist, wird durch die Vorurteile, mit denen die Menschen einander begegnen, kontaminiert. Die Gegenseitigkeitsstruktur des Austausches ist universell, die Vorurteile hingegen sind partikular. Aus ihr muss die Kontamination durch das Partikulare herausgewaschen werden.

Das Inklusionsparadigma ist ambitioniert. Im Verein mit einem emotivistisch fungierenden moralischen Urteil (siehe oben S. 45) führt es zur stetigen Ausweitung der geschützten Kategorien.[3] Was sexuelle Konnotationen trägt, ist dazu prädestiniert, sich als «sexistisch» herauszustellen. Beim Handkuss ist Vorsicht geboten. Jede Herabsetzung von Mitgliedern einer «Outgroup» kann als ein Fall von «Rassismus» gelten. «Pol*innen» oder «Tschetschen*innen» *prima facie* der Gaunerei zu verdächtigen, wird dazu gezählt und nicht für simplen nationalen Snobismus gehalten. Die Anwendung des Inklusionsimperativs verfährt weder nuanciert noch subtil. Was missfällt, wird unumwunden als Diskriminierung ausgegeben. Die Erklärung dafür ist, dass aus der Sicht des Inklusionsparadigmas eine Gesellschaft dann – und nur inso-

---

[3] Siehe dazu schon meine Studie *Engineering Equality: An Essay on European Anti-discrimination Law*, Oxford 2011, 141.

fern – schlecht ist, als das Schlechte auf moralischem Fehlverhalten oder dem Einfluss moralisch fehlerhafter Haltungen basiert, selbst wenn sich die Menschen derer nicht bewusst sein mögen. Also muss viel, was einem übel aufstößt, als Ausfluss von fundamentalen Haltungsfehlern dargestellt werden. Dass die Schlechtigkeit im Kooperationsmodus selbst liegen könnte, an dem die vergesellschafteten Subjekte *nolens volens* teilnehmen, und nicht an ihren bewusst oder unbewusst eingenommenen Fehlhaltungen, ist in diesem Paradigma nicht unterzubringen.

Gesetzt, es gelänge, alle moralischen Fehlhaltungen zu eliminieren. Wäre eine inklusive Gesellschaft dann auch gerecht?

Selbst ein von moralischen Fehlhaltungen bereinigter Markt bliebe nach wie vor ein Generator von sozialer Ungleichheit. Das wäre nicht zuletzt deswegen so, weil im Geflecht von horizontalen Transaktionen die Menschen unter rationalen Gesichtspunkten ungleich behandelt werden. Die daraus resultierenden Ungleichheiten bestimmen ihren Lebenserfolg. Den mathematisch Talentierten ergeht es besser als den «Poet*innen». Außerdem basieren Märkte als soziale Institutionen auf der Unterstellung, dass es für alle gut ist, wenn jeder oder jede sein oder ihr Selbstinteresse verfolgt. Wenn es darauf ankommt, die eigenen Interessen zu wahren, sind manche Menschen geschickter als andere.

Ob die Leute über ein ausgeprägtes Arbeitsethos, einen ehernen Leistungswillen oder die Bereitschaft verfügen, sich zu verausgaben, ist von unterschiedlichen Faktoren abhängig. Diese haben mit ihrer sozialen Herkunft zu tun und beruhen zusätzlich auf zufälligen biologischen Voraussetzungen.

Deren Einfluss im Verhältnis zur individuellen Verantwortung zu entflechten, scheint nicht möglich zu sein.[4]

Auf Faktoren wie Begabung, Rationalität und Agilität zu achten, ist aus der Sicht von marktwirtschaftlichen Transaktionen nicht arbiträr. Sie dürfen zurecht ins Kalkül gezogen werden und damit indirekt über den wirtschaftlichen Erfolg einer Person den Ausschlag geben. Sie für relevant zu erachten, entspringt keiner Fehlhaltung, die dem Inklusionsparadigma einen Angriffspunkt bieten würde. Es würde zumindest überraschen, wenn man es zum Problem machte, dass berufliche Positionen nach Maßgabe von Kompetenzen und Leistungen vergeben werden. Wenn wir zynisch sind, werden wir vielleicht sagen, dass es eine vornehme Lüge sei, dass sich im Wettbewerb die Besseren durchsetzen, aber es würde das Inklusionsparadigma sprengen, wenn wir die Anerkennung von individuellen Leistungen auf eine Stufe mit dem Rassismus oder dem Sexismus stellten. Im Gegenteil dürfte das Inklusionsparadigma darauf zugeschnitten sein, die Anerkennung der ungleichen individuellen Leistungen vom Einfluss arbiträrer Faktoren zu befreien.

So gesehen sind die Ungleichheiten, die verbleiben, nachdem man den Einfluss von Sexismus, Rassismus, Homophobie, religiöser Intoleranz, Fat Shaming und Ableismus in Abzug gebracht hat, als *reine soziale Ungleichheiten* zu bezeichnen. Die reinen sozialen Ungleichheiten beruhen nicht auf Vorurteilen, sondern auf der korrekten Einschätzung des Könnens und der Leistungen von Menschen. Sozial vermittelt sind sie über Urteile, die im Kontext des Austausches getroffen werden.

---

[4] Siehe analoge Überlegungen bei John Rawls, *Eine Theorie der Gerechtigkeit*, dt. Frankfurt/Main 1975, 344–346.

Das Inklusionsparadigma erweist sich damit als mit sozialen Ungleichheiten jeglichen erdenklichen Ausmaßes kompatibel. Es passt in die Welt der hochdotieren Führungskräfte, der erfolgreichen «Unternehmer*innen», der «Spitzensportler*innen» oder Film- und Medienstars («*****»).

Allerdings lässt sich nicht leugnen, dass die genannten Faktoren wie Begabung, Rationalität und Agilität in einem anderen Verstande arbiträr sind. Sie sind dies im Hinblick auf die Verdienstlichkeit des Vermögens oder der sozialen Stellung.[5] Es wäre willkürlich, jemandem einen Verteilungserfolg zuzurechnen, obwohl sich dieser nicht zurechnen lässt. Es ist oben erwähnt worden, dass das Vorhandensein von Begabung, Rationalität und Agilität auf Faktoren beruht, aus denen sich der Anteil der individuellen Verantwortung nicht herausflechten lässt. Der Verteilungserfolg lässt sich nicht individuell zurechnen. Er ist nicht «verdient».

Daraus mag man wie Friedrich August von Hayek geradewegs die Schlussfolgerung ziehen, dass eine marktwirtschaftlich generierte Verteilung nicht Gegenstand der Gerechtigkeit sein könne.[6] Doch dies ist kontraintuitiv. Plausibler ist es, das Proprium der sozialen Gerechtigkeit darin zu erblicken, über die Inklusion hinaus den Einfluss jener Fähigkeiten und Haltungen, vermöge derer Individuen erfolgreich sind, auf ein Maß zu reduzieren, das nicht mehr willkürlich ist.

---

[5] Siehe Rawls, oben Anm. 4, 350.

[6] Siehe F. A. Hayek, *Law, Legislation and Liberty*, vol. 2: *The Mirage of Social Justice*, Chicago 1976, 67–72.

· ⚔ ·

Die Bedeutung des Unterschieds zwischen Inklusion und sozialer Gerechtigkeit sollte damit deutlich geworden sein.[7] Die Auseinandersetzung mit den Faktoren, die den Verteilungserfolg aus der Sicht horizontaler Transaktionen bestimmen dürfen, fällt aus dem Anwendungsbereich des Inklusionsparadigmas heraus. Wäre dem nicht so, müsste es den zu läuternden Mechanismus so weit reinigen, dass dieser nicht mehr funktionieren könnte. Das Paradigma würde sich um seine eigene Voraussetzung bringen.

Die Korrektur der reinen sozialen Ungleichheit ist vielmehr der Gegenstand der sozialen Gerechtigkeit.

Die Ausarbeitung einer Konzeption von sozialer Gerechtigkeit steht vor einer schwierigen Abwägung. Wenn aufgrund von Leistung und Anstrengung nicht mehr differenziert werden dürfte, gäbe es vielleicht eine egalitäre Gesellschaft, aber wohl auch keine Situation mehr, in der noch viel zu verteilen wäre. Weshalb sollten die Talentierten sich anstrengen, wenn ihr Lohn so gering wäre wie jener der Faulen? Das wäre ein schlechtes Geschäft. John Rawls hat angesichts der Alter-

---

[7] Terminologisch ist der Unterschied bedauerlicherweise bislang dadurch verwischt worden, dass «Autor*innen», die in ihren Arbeiten zum Inklusionsparadigma tendieren, auch von «social justice» sprechen. Siehe etwa Iris Marion Young, *Justice and the Politics of Difference*, 2. Aufl. Princeton 2011; Sally Haslanger, *Resisting Reality: Social Construction and Social Critique*, Oxford 2012. Die «Identitätspolitik» hat sich wenigstens teilweise auch die «social justice» auf die Fahnen geschrieben. Siehe dazu bei Douglas Murray, *The Madness of Crowds: Gender, Race and Identity*, 2. Aufl. London 2020, 2, 231–239. Nachtwey diagnostiziert den Kontrast zwischen einer zunehmenden horizontalen Gleichbehandlung von Gruppenangehörigen und der zunehmenden vertikalen Ungleichheit im sozioökonomischen Bereich. Siehe Oliver Nachtwey, *Die Abstiegsgesellschaft: Über das Aufbegehren in der regressiven Moderne*, 7. Aufl. Berlin 2017, 11, 41, 77, 111, 115.

native von Gleichheit und Wohlstand den Schluss gezogen, dass Ungleichheiten zulässig sein dürfen, damit die Leistungsfähigen sich verausgaben, allerdings nur unter der Bedingung, dass die Früchte ihrer Anstrengung allen nützen und am meisten denjenigen, die von Ungleichheiten am wenigsten begünstigt sind. Vergleichsweise bessere Verdienstmöglichkeiten bieten Leistungsanreize. Die erbrachten Leistungen sollen wieder dazu verwendet werden, um jene, die am Ende der sozio-ökonomischen Hierarchie stehen, besser zu stellen, als sie unter einer egalitären oder vergleichsweise egalitäreren Verteilung gestellt wären.[8]

Man mag die Frage aufwerfen, weshalb es solcher Anreize überhaupt bedürfe. Sollten die Leistungsfähigen nicht aus Altruismus mehr arbeiten und schwierigere Tätigkeiten verrichten als die anderen? Aber so viel Tugend zu erwarten, wäre nicht nur unrealistisch, es ließe, wenn man die Forderung ernst nähme, den Menschen keine Freiheit mehr, ihr Leben nach ihrer eigenen Façon zu führen. Überdies würde die Erwartung von Opferbereitschaft der Logik der Marktwirtschaft widersprechen. Sie bezieht die psychische Energie, von der die Produktion und die Zirkulation von Gütern zehren, aus der Verfolgung des Eigeninteresses. Das ist nur möglich, wenn es Willkürfreiheit gibt.

Anders als im Rahmen des Inklusionsparadigmas lässt sich unter dem Vorzeichen der sozialen Gerechtigkeit der Ausgleich von Ungleichheit nicht mehr individuell vollziehen. Es kann nicht präzise angegeben werden, was das gerechte Gegenteil der Ungerechtigkeit ist (wie es idealerweise beim Diskriminierungsschutz für die Gleichbehandlung der Fall

---

[8] Siehe Rawls, 177–187. Für eine ausführliche Kritik von Rawls Überlegungen aus egalitärer Sicht siehe G.A. Cohen, *Rescuing Justice and Equality*, Cambridge, Mass. 2008, 27–87, 116–150.

ist). Vielmehr ist die soziale Struktur – die Gliederung der Ungleichheiten – so zu gestalten, dass trotz der umverteilenden Korrektur der marktförmigen Primärverteilung genügend Unterschiede an Status und Vermögen verbleiben, damit Menschen Anreize haben, ihre Talente zu entfalten und professionell zu betätigen. Der Spielraum für Variationen der sozialen Struktur ist beträchtlich.

· ⚔ ·

Rawls verfährt ganz konsequent, wenn er aufgrund der mangelnden Entflechtbarkeit von sozialen Hintergrundfaktoren und individuell zurechenbaren Entscheidungen die Begabungen, Rationalität und Agilität der Menschen als ein gemeinsames Vermögen betrachtet.[9] Dieses sei zu investieren gemessen an den zwei Anforderungen, es einerseits zu entfalten und andererseits seiner Ausprägung in individuellen Karrieren die anti-egalitäre Spitze zu nehmen. Institutionell impliziert das immerhin ein System von Besteuerung und Transferleistungen.

Anders setzen die «Luck Egalitarians» an.[10] Sie betrachten die individuelle emotionale und intellektuelle Ausstattung der Menschen als eine Zufälligkeit, gegen deren Vorhandensein man sich in einer hypothetischen Überlegungssituation versichern könne.[11] Damit kommt eine weitere institutionelle Vorkehrung zur Korrektur der reinen sozialen Ungleichheit ins Spiel. Es ist dies die Versicherung gegen das eigene öko-

---

[9] Siehe Rawls, oben Anm. 4, 122–123. Siehe dazu auch Michael J. Sandel, *Liberalism and the Limits of Justice*, Cambridge 1982, 77–85.

[10] Für eine Einführung siehe etwa G.A. Cohen, *On the Currency of Egalitarian Justice, and Other Essays in Political Philosophy*, Princeton 2011, 3–43.

[11] Siehe Ronald Dworkin, *Sovereign Virtue: The Theory and Practice of Equality*, Cambridge, Mass. 2000, 73–83.

nomisch defiziente Sosein (die «mangelnden Begabungen») und gegen jene Risiken, die systematisch in der Marktwirtschaft auftreten und deren Realisierung die Exklusion aus dem Erwerbsprozess nach sich ziehen. Dabei handelt es sich um die Verringerung der Nachfrage nach Arbeit, das Obsoletwerden der eigenen Qualifikationen, die Krankheit, das Altern oder den Unfall.

Die Besteuerung, die Transferzahlung und das soziale Versichern stellen somit die Hauptinstrumente der sozialen Gerechtigkeit dar. Unterstützt werden sie durch Maßnahmen, die verhindern sollen, dass Menschen überhaupt erst aus dem Erwerbsprozess herausfallen oder in ihn nicht hineingelangen. Dazu zählt der gesamte öffentliche Bildungsbereich. Wie aber die Maßnahmen, die unter dem Vorzeichen der sozialen Gerechtigkeit getroffen werden sollen, beschaffen sein sollen, lässt sich nicht genau angeben. Denn solche Maßnahmen haben stets den Balanceakt zu vollziehen, für den die soziale Gerechtigkeit insgesamt steht. Sie hat einerseits dafür zu sorgen, dass Menschen genügend Anreize haben, ihr eigenes Erwerbsstreben auszuleben und damit Wohlstand zu schaffen, und andererseits die daraus entstehende reine soziale Ungleichheit zu korrigieren. In Anlehnung an Hegel kann man sagen, dass dies die Aufgabe des politischen Staates ist.[12] Er soll die Wunde schließen, die durch die Marktwirtschaft (die «bürgerliche Gesellschaft») als Institution geschlagen wird. Demgegenüber ist die moralisch bereinigte Inklusion in diese Wirtschaft eine Angelegenheit, die der Verwaltung und Gerichtsbarkeit übertragen werden kann. Die schwierigen und kontroversen Entscheidungen über das Ver-

---

[12] Siehe G.W.F. Hegel, Grundlinien der Philosophie des Rechts, *Werke in zwanzig Bänden*, hrsg. v. E. Moldenhauer – K.M. Michel, § 258, S 399, § 267, S. 413.

hältnis von Umverteilung und Leistungsanreizen sind politischer Art, wohingegen der Not- und Verstandesstaat[13] damit beauftragt werden kann, die Marktwirtschaft zu stabilisieren und obendrein noch moralisch zu läutern.

Vor diesem Hintergrund kann nun deutlich werden, was in liberalen Gesellschaften, die auf dezentrale Mechanismen der Produktion und Verteilung von Gütern und Leistungen vertrauen, unter der «sozialen Frage» verstanden wird. Bei genauerer Betrachtung lassen sich wenigstens zwei Verständnisse voneinander unterscheiden.

Die klassisch liberale Sicht erkennt das Problem der sozialen Gerechtigkeit nicht an. Für sie verengt sich die soziale Frage daher auf das strategische Problem, wie viel Armut und Verelendung zugelassen werden kann, ohne die politische und ökonomische Stabilität der Gesellschaft zu gefährden. Kein Wohlhabender will, dass die Armen gegen seine Klasse aufbegehren. Aufstände stören den Wirtschaftskreislauf und resultieren in der Vernichtung von Gütern. Niemandem darf es egal sein, wenn die Kaufkraft aufgrund der allgemeinen Verelendung der Massen so stark sinkt, dass die Wirtschaftsleistung insgesamt schrumpft. Deswegen bedarf es sozialpolitischer Maßnahmen. Diese müssen allerdings so residual und minimal sein, dass die Armen noch immer genügend Anreize haben, sich am Riemen zu reißen und zu versuchen, sich aus eigener Kraft aus dem Elend zu befreien.[14] Im Auge zu

---

[13] Siehe Hegel, oben Anm. 12, § 183, S. 340.

[14] Seit jeher hat der klassische Liberalismus die puritanische Haltung gegenüber der Armut internalisiert, wonach Armut als Zeichen eines sittlichen Mangels gilt. Siehe C.B. Macpherson, *Die politische Theorie des Besitzindividualismus: Von Hobbes bis Locke*, dt. Frankfurt/Main 1967, 255.

behalten hat dieser minimalistische Zugang die Notwendigkeit, dass diejenigen, die als zu gar nichts mehr nutze gelten, wenigstens so viele Ressourcen zur Disposition haben sollten, um sich mit Drogen, Spielen und Pornographie über ihr Lebensunglück betäuben zu können. Die Verfügbarkeit solcher Anästhetika des Kapitalismus verhindert den Aufstand der Massen.

Die klassisch liberale Perspektive ist vollständig kompatibel mit einer Gesellschaft, die auf das Inklusionsparadigma setzt. Das ist alles andere als fiktiv. Die Feier von «diversity» und die Revolte gegen «glass ceilings» steht nicht im Widerspruch dazu, wenigstens ein Drittel der Bevölkerung unterhalb des Niveaus der Mittelklasse absinken zu lassen.[15] Die Kompatibilität von Inklusion und reiner sozialer Ungleichheit ist in den USA schon zur gelebten Sittlichkeit geronnen. Auch in diesem Zusammenhang bewährt sich der Befund, dass Moral und Bosheit gut zueinander passen.

Selbstverständlich lässt eine klassisch liberale Gesellschaft die freiwillige Mildtätigkeit zu. Sie ermöglicht es Menschen, die nichts tun, was lohnte, ins kulturelle oder politische Gedächtnis einer Gesellschaft einzugehen, ihren Namen an gediegenen Plätzen eingraviert zu sehen. Aus der Sicht der sozialen Gerechtigkeit ist die Wohltätigkeit ein Missstand. Sie verfährt ohne Plan und Ziel und führt daher zu einer Fehlallokation von Ressourcen. Sie entzieht der demokratisch legitimierten Verfolgung von Gerechtigkeitszwecken finanzielle Mittel, weil sie üblicherweise steuerlich bevorzugt ist. Aber niemand darf es wagen, gegen die Wohltätigkeit zu protestieren. Angesichts sinkender Staatsausgaben sind alle,

---

[15] Siehe https://www.brookings.edu/research/the-dangerous-separation-of-the-american-upper-middle-class. (12.6.2012) Zur «Drei-Drittel-Gesellschaft» siehe Andreas Reckwitz, *Die Gesellschaft der Singularitäten: Zum Strukturwandel der Moderne*, Berlin 2017. 282.

die soziale Zwecke verfolgen, in immer größerem Ausmaß auf mildtätige Spenden angewiesen. Auf dem Guten, das noch getan wird, prangt daher notorisch der Name der edlen «Spender*innen».

· ⚹ ·

Es liegt auf der Hand, was im Kontrast dazu die soziale Frage aus der Sicht der sozialen Gerechtigkeit bedeutet. Die Antworten auf sie zielen darauf ab, gegen Kooperationsrisiken zu versichern und Ungleichheiten auszugleichen, ohne deswegen bei den Erwerbstätigen oder den Nutznießern selbst den Leistungswillen zu brechen oder abzustumpfen. Unter Bedingungen von steigender Staatsverschuldung und internationaler Standortkonkurrenz im Vergleich der Systeme der sozialen Sicherung verschiebt sich der Fokus von der Umverteilung auf die Schaffung von Anreizen.[16] Deswegen wird auch die Sozialpolitik, die unter dem Vorzeichen der sozialen Gerechtigkeit steht, zusehends residualer. Von ihr lässt sich nicht mehr viel erwarten. Zur Projektionsfläche großer Hoffnungen taugt sie nicht mehr. Die soziale Frage wird vielmehr als mühsam und lästig erfahren. Im Vergleich zu den spannenden Herausforderungen, die wir mit den modernen Technologien verbinden, sieht sie alt aus. Die Beschäftigung mit ihr ist von einer hartnäckigen Enttäuschungserwartung begleitet. Die soziale Frage rastet altersschwach auf dem Siechbett der Geschichte.[17]

---

[16] Siehe dazu bloß Wolfgang Streeck, *How Will Capitalism End? Essays on a Failing System*, London 2016, 120–125.
[17] Siehe Tony Judt, *Ill Fares the Land*, New York 2010.

· ⚔ ·

In der klassisch-liberalen («liberal-inklusiven») und der unter dem Vorzeichen der sozialen Gerechtigkeit stehenden Fassung erschöpft sich der Sinn der sozialen Frage allerdings nicht. Ihr Sinn wird sogar nur unvollständig erfasst, weil sie der Sache nicht auf den Grund geht. Uns ist aber deren vollständiger Sinn nicht mehr geläufig, weshalb wir nicht sofort erkennen, dass die ermüdeten und ermatteten Verständnisse von gemeinsamer sozialer Verantwortung nur einen trüben Abglanz jener Frage darstellen, welche die europäischen Gesellschaften in den beiden vorigen Jahrhunderten bewegt hatte.

Das klassisch liberale und das am Problem der Verteilungsgerechtigkeit orientierte Verständnis der sozialen Frage greifen zu kurz. Sie lassen den Modus der Vergesellschaftung unangetastet. Sie problematisieren nicht, wie das individuelle Sein durch das Zusammensein mit anderen stets mitbestimmt ist und welchen Bedingungen eine solche Wechselbestimmung genügen sollte. Wird aber der Modus der Vergesellschaftung in den Blick genommen, stellt sich die Frage, ob und wie die soziale Wechselwirkung – vor allem auch im Hinblick auf ihre unbeabsichtigten Konsequenzen – gemeinsam und gezielt beeinflusst werden kann und beeinflusst werden soll.

· ⚔ ·

Die dezentrale Kooperation ist rechtsförmig. Sie beruht auf der Kombination von Willkürfreiheit und gegenseitiger Indifferenz. Alle sind frei, anderen etwas anzubieten, das diese erwerben können, wenn deren eigene Angebote auf Interesse stoßen.

Der Nexus des allgemeinen Austausches resultiert in der «Sozialisierung» des Wollens. Die Abhängigkeit von der Nachfrage der anderen macht es erforderlich, etwas zu wollen, das die Wünsche der anderen widerspiegelt. Ein Berufswunsch ist nicht einfach ein Ausdruck dessen, was unserem «Inneren» (was oder wo immer das sein mag) entspringt, sondern unserer Beziehung zu anderen und unserem Wunsch, ihnen nützlich zu sein oder in ihren Augen zu glänzen. Das Eigeninteresse ist durch die Interessen der anderen vermittelt, für deren Interessen dasselbe gilt. Die dezentrale und horizontale Form der Kooperation ist es, was unsere Wünsche vermittelt.

Sozialisiert ist daher auch unsere Wahrnehmung der anderen. Wir verhalten uns ihren Bedürfnissen gegenüber indifferent, indem wir bloß darauf achten, was sie uns bieten können. Daraus ergibt sich die seltsame Konstellation.[18] Meine Beziehung zu anderen ist insofern privatisiert, als meine Sicht der anderen durch meine Bedürfnisse vermittelt ist. Ich gehe nicht darauf ein, was sie wirklich bewegt oder umtreibt. Umgekehrt ist aber mein Privates – mein Wünschen – sozialisiert, indem es reflektiert, was ich mir unter Bedingungen des allgemeinen Austausches rational wünschen kann. Ich bin zunächst von den anderen entfremdet. Von ihnen geht mich nur an, was sie leisten und nicht, was sie sind. Wegen der Relevanz von Leistung und Gegenleistung nistet sich aber diese meine Entfremdung von anderen in mir als eine Entfremdung von mir selbst ein.

Man kann diesen Sachverhalt auch so ausdrücken, dass unsere Verbindung eine bloß *formelle* ist. Sie ist durch die Form der sozialen Beziehung vermittelt. Die Verallgemeinerung unseres Wollens achtet nicht auf dessen Inhalt.

---

[18] Analysiert wurde sie denkwürdig vom frühen Marx. Siehe Karl Marx, *Ökonomisch-philosophische Manuskripte*, hrsg. v. B. Zehnpfennig, Hamburg 2005.

Die soziale Vermittlung des Wollens im Kontext des dezentralen und horizontalen Austausches begegnet uns in der Form eines naturgegebenen Zusammenhangs.[19] Einer einzelnen Person begegnet der soziale Zusammenhang als eine mechanische Verknüpfung, die man durch Anpassung geschickt für sich nutzen kann, wobei die Bedeutung dessen, was nützt, durch soziale Anerkennung vermittelt ist (die «Karriere», der «Status», das «Vermögen»). Damit entsteht in uns eine bereits von Rousseau diagnostizierte innere Leere.[20] Man erfährt die Indifferenz des Naturzusammenhangs gegenüber dem individuellen Sosein. Agilität und Anpassungsfähigkeit sind die Schlüssel zu einer erfolgreichen Lebensbewältigung, deren «benchmarks» durch den *amour propre* vermittelt sind.[21] Erfolgreich zu sein bedeutet, in den Augen anderer als erfolgreich zu gelten. Auf den Glanz kommt es an.

Inmitten dieses Modus der Vergesellschaftung realisieren wir, dass wir, obwohl wir willkürfrei sind, uns als nicht frei erfahren und unser Leben in einem seltsam passiven Zustand «führen».[22] In dieser Passivität manifestiert sich eine fundamentale Gleichgültigkeit gegenüber dem menschlichen Leben.[23] Artikuliert wird sie in den stillen Stunden, in denen Menschen einander beichten, sie seien in ihrem eigenen Leben niemals oder wenigstens noch nicht angekommen.

---

[19] Siehe Karl Marx – Friedrich Engel, Deutsche Ideologie, in: *Werke* (MEW), Bd. 3, Berlin 1978, 43.
[20] Siehe Jean-Jacques Rousseau, Abhandlung über den Ursprung und die Grundlagen der Ungleichheit, in: *Schriften*, hrsg. H. Ritter, Bd. 1, München 1978, 165–302, hier: 227.
[21] Siehe Rousseau, oben Anm. 20, 297.
[22] Zur Passivität siehe Georg Lukács, *Geschichte und Klassenbewusstsein: Studien über marxistische Dialektik*, 10. Aufl. Neuwied 1988.
[23] Siehe Georg Lohmann, *Indifferenz und Gesellschaft: Eine kritische Auseinandersetzung mit Marx*, Frankfurt/Main 1991.

· IX ·

Die Überwindung des sozialen Naturzusammenhangs, den wir durch die dezentrale Kooperation über uns verhängen, nennt man Emanzipation.[24] Deren Möglichkeit bildet den Kern der sozialen Frage, die nicht zu kurz greift, sondern das Soziale an seiner Wurzel packt.

Für den Vollzug der Emanzipation gibt es drei bedeutende geschichtliche Modelle.

Das erste Modell setzt auf Exemtion vom Markt und trägt damit ein Element des Feudalismus in die bürgerliche Welt hinein. Frühe Vertreter des Liberalismus wie Constant sind davon überzeugt, dass sich Freiheit letztlich ausschließlich als Unabhängigkeit vom Markt realisieren lässt.[25] Sie hat in der Autarkie ihre Basis. Constant geht explizit davon aus, dass seine volle Freiheit nur genießt, wer von den Früchten seiner Landwirtschaft leben kann. Die Unabhängigkeit vom Markt bildet damit den Hintergrund eines Ideals, das der englischen Feudalgesellschaft entstammt und im Zuge der amerikanischen Revolution zum Inbegriff des bürgerlichen Lebenserfolgs avanciert. Es besteht darin, ein so großes Vermögen zu schaffen, um sich von den Fesseln des Austauschprozesses unabhängig machen zu können. Benjamin Franklin galt als eine Figur, die dieses Lebensmodell realisierte, indem er ein Gentleman wurde.[26] Gentlemen sind «men of leisure». Sie arbeiten nicht. Die Renaissance mag ihren Anteil an der

---

[24] Siehe Karl Marx, Zur Judenfrage, in: *Marx-Engels Studienausgabe*, hrsg. v. I. Fetscher, Bd. 1, Frankfurt/Main 1966, 31–60.

[25] Siehe Benjamin Constant, *Political Writings*, hrsg. B. Fontana, engl. Cambridge 1988, 216. Siehe auch Montesquieu, *Vom Geist der Gesetze*, hrsg. v. E. Forsthoff, Tübingen 1992, Bd. 1, 89.

[26] Siehe Gordon S. Wood, *The Radicalism of the American Revolution*, New York 1991, 36–38, 85–86, 118–119.

Relevanz dieses Ideals gehabt haben, das seine antiken Wurzeln nicht verleugnet.

Das zweite Modell fungiert marktimmanent und wird daher nicht zufällig gerade heutzutage gelebt. Wir verbinden damit das Unternehmertum in charismatischer Form. «Unternehmer*innen» sind in der Lage, die Passivität der Anpassung an die Marktlage in Aktivität zu verwandeln. Daher sind sie, anders als die neoklassische Ökonomie den Marktteilnehmer modelliert, nicht «price taker». Sie legen vielmehr den Preis für Produkte fest, die ihnen die «Konsument*innen» aus der Hand reißen. Entrepreneurs bieten Produkte an, die alle haben wollen, obwohl niemandem bewusst war, sie haben zu wollen, bevor es sie gegeben hat. «Unternehmer*innen» schaffen mit der Ware auch die Nachfrage danach. Auch damit vollziehen sie eine interessante Umkehrung. Wie wir noch sehen werden, korrespondiert dem Unternehmertum das Sein der Konsumenten. «Unternehmer*innen» produzieren Überraschendes. Den «kick» des Neuen erwartet sich das zahlende Publikum.[27] Außerdem sind «Unternehmer*innen» in einer Position, in der sie andere herumkommandieren. Sie haben Untergebene, die willig umsetzen müssen, was sie anschaffen. Sie stehen großen Organisationen vor. Ihre Partizipation am Produktionsprozess ist beileibe nicht passiv.

Das dritte Modell setzt auf Marktranszendenz. In gewisser Weise ist es eine mindestens so naheliegende Form der Emanzipation wie das Unternehmertum. Denn wenn die Erfahrung von Unfreiheit und Entfremdung deswegen entsteht, weil wir gemeinsam einen Modus der sozialen Interaktion verwenden, der uns als Naturzusammenhang reflektiert wird, dann kann es nur an uns gemeinsam liegen, diesen Modus zu

---

[27] Siehe dazu Andreas Reckwitz, *Die Erfindung der Kreativität: Zum Prozess gesellschaftlicher Ästhetisierung*, Berlin 2012, 45.

überwinden. Das setzt voraus, dass wir uns gemeinsam über ihn erheben und uns über das Zusammenwirken und die Wünsche, die wir erfüllt haben wollen, gemeinsam verständigen. Die Planung und Organisation von Produktion und Konsumption sollen eine gemeinsame Angelegenheit werden, in der die Zwecke der Mitglieder organisch ineinandergreifen.[28] Das ist das Prinzip des Sozialismus.[29]

Der Sozialismus ist eine attraktive Antwort auf die soziale Frage, weil sich sein Prinzip im Vergleich zum Dasein als Gentleman oder zum Unternehmertum verallgemeinern lässt. Nicht alle können unabhängige Grundbesitzer sein, auch wenn angesichts unerschöpflich erscheinender Bodenressourcen manche Ideale der amerikanischen Revolution diesem Gedanken nahegekommen sein mögen.[30] An der mangelnden Verallgemeinerbarkeit krankt es dem Unternehmertum. Nicht alle können «Unternehmer*innen» sein. Wenn alle so etwas wären, wäre das keine und keiner mehr.

Also bleibt nur der Sozialismus als Antwort auf die soziale Frage. Wie selbstverständlich ragt der Sozialismus auch in unsere Gesellschaft hinein. Er tut dies dort, wo Infrastrukturen gemessen an der Inzidenz von Fortbewegung gebaut und Spitäler gemessen am Bedarf eingerichtet werden. Wenn die Menschen dann einsehen, dass es in unser aller Interesse ist, auf den Individualverkehr zu verzichten oder gesundheitsbewusster zu leben, dann scheint ein wenig von der sozialistischen Gesellschaft vor, die wir schaffen könnten, in-

---

[28] Siehe Marx – Engels, oben Anm. 19, 74–75.
[29] Siehe (mit Emphase auf das soziale Freiheitsideal) bei Axel Honneth, *Die Idee des Sozialismus: Versuch einer Aktualisierung*, Berlin 2015, 39–41.
[30] Zur Gesellschaft der «small farmers» siehe Thomas Jefferson, Letter to James Madison, 28.10.1787, in: *Writings*, hrsg. v. M.D. Peterson, New York 1984, 843.

dem wir uns der vergessenen sozialen Frage erinnern. Dass dies angesichts des Nachhaltigkeitsproblems immer dringlicher wird, bedarf keiner weiteren Hervorhebung.

Dennoch bleibt es ein unabweisliches Faktum, dass es einen Sozialismus für uns nur geben kann, wenn die Selbstreflexion des nachhaltigen Wollens durch Konsumalternativen vermittelt wird. Wir können nur «Sozialist*innen» sein, wenn es statt des Porsche den Tesla gibt. Zur Besinnung zu bringen sind wir nur mit noch mehr neuen Waren. Das mag der Grund sein, weshalb sich nicht mehr so viel Begeisterung für den Sozialismus einstellen will, obwohl er nachhaltig notwendig ist. Historisch verbinden wir mit dem Sozialismus nicht den Überfluss an reizvollem Zeug.

Das Beste, was uns deswegen heute noch zur Lösung der sozialen Frage einfällt, ist das bedingungslose Grundeinkommen.[31] Es garantiert so etwas wie den Gentleman Status für die kleine Frau und den kleinen Mann. Es schafft jene Unabhängigkeit für die, die sich bereits an den asketischen Lebensstandard des «Prekariats» gewöhnt haben. Dass uns die Idee überhaupt anspricht, ist ein untrügliches Indiz dafür, dass wir bereits vergessen haben, was die anspruchsvolle Fassung der sozialen Frage gewesen ist.

Seit dem Jahr 1989 haben wir die unverkürzte soziale Frage vergessen.[32] Angesichts des dahinsiechenden und deswegen wenig erbaulichen Projekts der sozialen Gerechtigkeit domi-

---

[31] Siehe einführend Philippe van Parijs, A Basic Income for All, in: *What's Wrong With a Free Lunch?*, hrsg. v. J. Cohen – J. Rogers, Boston 2001, 3–28.
[32] Man kann den Befund auch so ausdrücken, dass die Revolution vergangen ist. Siehe Gunnar Hindrichs, *Philosophie der Revolution*, Berlin 2017, 386: «[...][D]ie Revolution ist *passé*».

nieren die Inklusion, der Diskriminierungsschutz und das symbolische Aufwerten. Die liberale Variante des Linksseins nimmt den gesamten Raum der progressiven Politik ein. Sie ist ein Symptom dafür, dass es mit den linken Alternativen vorbei ist. Als Residualgröße aller Transzendenz (und aller Fähigkeit zur gemeinsamen Rationalität) bleibt die Gleichbehandlung: It all ends with a whimper. Eine moralische Frage nimmt den Platz ein, den vormals die soziale Frage hatte.

Der Verlust der sozialen Frage ist 1989 und danach unmittelbar sinnfällig geworden. Das Erkennungszeichen des Sozialismus war der Trabant. Äußerlich machte die Ideologie sich kenntlich an lieblos behübschten Konsumgütern, deren geschmackloses Design und Aussehen bestenfalls für die Negation von Luxus standen. Der Sozialismus, das waren Plattenbauten, vergilbte graue Anzüge, billiges Schuhwerk und Bücher, die auf grobem grauen Papier gedruckt waren. Die Assoziation der Produzenten setzte auf Freikörperkultur statt auf verführerische Verkleidung. Dem Sozialismus mangelte es an Sex Appeal.

Der geringe Sex Appeal des real existierenden Sozialismus entsprang keinem Zufall. Vielleicht ist er ihm sogar inhärent. Die Realisierung des Sozialismus setzt die Fähigkeit zum gemeinsamen rationalen Wollen voraus. Dies schließt ein, die Bedürfnisse, die sich in einem regen, darauf hin zu untersuchen, ob es überhaupt sinnvoll ist, sie zu haben oder ihnen nachzugeben. Brauchen wir ein Smartphone, mit dem wir fernsehen können? Brauchen wir Autos mit 520 PS? Brauchen wir Hotels mit angeschlossenem «Spa»-Bereich? Vielleicht brauchen wir all das nicht, wenn wir stattdessen mehr Betten in intensivmedizinischen Abteilungen schaffen könnten.

Eine solche Sublimierung des Wünschens mit Blick auf die Objekte unserer Begierde missfällt uns. Der Kapitalismus funktioniert, wenn er denn funktioniert, aufgrund eines

Rationalitäts- und Sublimierungsverzichts. Ihm ist eine Konzeption des «Wünschens zweiter Ordnung»[33] inhärent, die einer triebhaften Form des Wollens Raum gewährt. Wir dürfen Impulsen nachgeben. Das neue iPhone kommt heraus. Es ist ein Muss. Herbert Marcuse hatte ein Gespür dafür, dass der Kapitalismus auf der Komplizenschaft zwischen dem Über-Ich und dem Es basiert.[34] Das Über-Ich fordert die zweckrationale Anpassung an den Produktionsprozess. Der damit einhergehende Lustverzicht wird durch impulsgetriebenen Konsum kompensiert, der mit immer neuen Reizen aufwartet. Als «Konsument*innen» dürfen wir spontan und irrational wollen. Jedes neue «gadget» darf begehrt werden, wobei die ästhetische Überdeterminierung der Gebrauchswerte eine wesentliche Rolle spielt. Der Sieg des Kapitalismus über den real existierenden Sozialismus war im Wesentlichen auch ein ästhetischer.

Die vorstehende Überlegung mag nun so verstanden werden, als ob sie bloß den Einwand wiederholte, der Sozialismus sei in einem Irrtum über die menschliche Natur befangen gewesen.[35] Der Mensch sei nicht solidarisch und opferbereit, sondern triebhaft, ehrgeizig, selbstbezogen, kompetitiv und freiheitsliebend. Für den Sozialismus sei der Mensch also in Wahrheit ungeeignet.

---

[33] Siehe Harry G. Frankfurt, *The Importance of What We Care About: Philosophical Essays*, Cambridge 1988, 12, 20, 22.

[34] Siehe Herbert Marcuse, *One-Dimensional Man: Studies in the Ideology of Advanced Industrial Society*, 2. Aufl. Boston 1991, 72, 75.

[35] Siehe etwa Gustav Gundlach, *Die Ordnung der menschlichen Gesellschaft*, hrsg. v. d. Katholischen Sozialwissenschaftlichen Zentralstelle, Mönchengladbach, Köln 1964, Bd. 2, 118.

Aber diese These behauptet zu viel. Alles, was man über das mit dem Scheitern des Sozialismus einhergehende Vergessen der sozialen Frage feststellen kann, ist unser Wunsch, an einer Form des Wollens festzuhalten, die es uns erlaubt, triebhaft zu wollen. Wobei diese Form auf den unmittelbaren Inhalt dieses Wollens bezogen ist, nicht aber auf die rationalen Wege der Triebbefriedigung. Die Zweckrationalität bleibt erhalten, aber sie darf sich auf Unsinniges richten. Dies ist umso besser, wenn das Unsinnige auch von anderen begehrt wird. Es verstärkt dieses Wollen wegen des zu erwartenden Profits (wie zuweilen der Kunstmarkt bestätigt).

Als «Konsument*innen» verhalten wir uns wie Platons demokratische Bürger.[36] Wir sind in dieser Hinsicht das, was Frankfurt als «wantons» bezeichnet,[37] einfach hin- und hergerissen und ohne Plan und Ziel.[38] Wir sind immer bereit, von «Unternehmer*innen» mit neuen Produkten überrascht zu werden.

Wenn es aber unser normativer Begriff des Wünschens zweiter Ordnung – oder unseres Wollens – ist, der darüber den Ausschlag gibt, dass sich uns die soziale Frage in ihrer anspruchsvollen Fassung nicht mehr stellt, dann bedeutet das, dass wir uns des Sozialismus als nicht würdig erwiesen haben. Es ist also nicht so, dass der Sozialismus etwas über die menschliche Natur verkannt hätte, wir haben uns dafür entschieden, den Inhalt unseres Wollens in einem primitiven Zustand zu belassen.

Also ist der Sozialismus nicht an uns gescheitert, sondern wir an ihm.

---

[36] Siehe Platon, *Politeia*, dt. O. Gigon, München 1974, 558c.
[37] Siehe Frankfurt, oben Anm. 33, 16.
[38] Siehe dazu auch Juliane Rebentisch, *Die Kunst der Freiheit: Zur Dialektik demokratischer Existenz*, Berlin 2012, 41–52.

Diese Feststellung muss beunruhigend reaktionär anmuten und fatal an religiöse Lehren erinnern. Dabei bereitet sie nur den Schluss vor.

Und der Schluss steht am Ende.

Wenn es zutrifft, dass wir unser triebhaftes Wollen wollen, dann ist der Kapitalismus die uns angemessene Form des Sozialismus. Wir[39] organisieren unsere Produktion und Konsumtion gemeinsam so, dass wir uns von «Unternehmer*innen» Waren und Dienstleistungen anbieten lassen, die wir nachfragen, weil sie neu sind. Die dezentrale Produktion ist *unsere* Form der gemeinsamen Produktion. Die soziale Frage absorbiert sich selbst. Die vermittelnde Bewegung verschwindet in ihrem eigenen Resultat und lässt keine Spur zurück.[40]

Das ist die Wahrheit von 1989.

Nun wissen wir aus der deutschen Philosophie, dass das bloß impulsbestimmte Wollen nicht frei ist. Insofern ist der Kapitalismus ein System der Unfreiheit. Das Zusammenleben fungiert wie ein Naturzusammenhang. Wenn aber das triebhafte Wollen gemeinsam gewollt wird, ist der Kapitalismus auch ein System der Freiheit. Er ist ein System der Freiheit, das die Unfreiheit bejaht.

Auflösen lässt sich dieser Widerspruch nur, indem man die Frage stellt, ob das triebhafte Wollen von uns auch freiwillig gewollt wird. Unterliegen wir vielleicht einem Zwang?

---

[39] Wer ist dieses Wir? Zunächst ist es etwas Unbestimmtes, das der Bestimmung durch eine selbstauthentifizierende revolutionäre Klasse oder einer Avantgarde bedarf. Im Zuge einer solchen Bestimmung wird sich das Wir als inhomogen erweisen, als ein Wir also, in dem eine Gruppe unfreiwillig will, was sie will.

[40] In beinahe wörtlicher Übernahme von Karl Marx, Das Kapital: Kritik der politischen Ökonomie, Bd. 1, *Werke* (MEW) Bd. 23, Berlin 1973, 107.

Auf diese Frage kann man nicht als externer Beobachter antworten. Sie muss von den Teilnehmern an der sozialen Praxis selbst beantwortet werden. Und sollte diese Antwort ausbleiben oder negativ ausfallen, dann wird eben das Gender*n das Maß allen sozialen Fortschritts bleiben.

Sachregister

Ableismus 174
Agilität 110–113, 174–175, 178
Akt, performativer 154
Alter 179
Altruismus 177
Ambiguitätsintoleranz 52–53
  siehe auch Urteil, moralisches
Amour Propre 17, 35, 185
Anerkennung, soziale 15, 18, 185
Anpassungsfähigkeit 110–113
Antisemitismus 75, 149
Apartheid 117
Arbeitsethos 173
Arbeitsmigranten 123–125
Armut 180
Asymmetrie, epistemische 118–119
Auffassungsunterschiede, vernünftige 10, 65, 146
Ausbeutung 56–57
Ausgegrenzte 102, 130, 171
Auslese 3
Authentizität 60, 109–110
Autonomie 68
Autoritarismus 53

– und Komisches ernst nehmen müssen 56
Autorität 25, 31, 138, 142
– Paradoxon der 144
– des Rechts 141, 143

Balkonmuppetts 158–159
Bedeutung 16, 18, 71
– und geistiges Bild 16–18
  siehe auch Intension
  siehe auch Extension
Bedürfnisse 190
Begabungen 174–175, 178
Bekenntnis, religiöses 118
Beleidigung 44, 59, 61, 63, 155, 163–164
Besteuerung 178–179
Bewusstsein, falsches 74
Bezugnahme 19
Bildakt 48
Bildersturm 22
Blog-Sphäre 16

Chancengleichheit 86, 107–108
Common Law 140

Demokratie 192
– deliberative 160

Demütigung 122, 163
Differenzprinzip 177
Diskriminierbarkeit, passive 118
- und Ohnmacht 121
- und Intersektionalität 118–119
Diskriminierung 44, 75, 86–87, 106, 119, 170–171
- als demütigend 122, 163
- direkte 87
- indirekte 87–88
- und soziale Klasse 126–128, 132
- Lösung vom Komparativ 163, 172–173
- Mitwirkung des Opfers 92, 132
- als normative relevante Beschwerde 87
- strukturelle 86–90, 92–93, 104, 109, 125–126
- als Verkennung 163
Diskriminierungsopfer 3, 87, 92, 170
Diskriminierungsverbote 171, 190
Diskurstheorie 147
Dissens 147–148
Distributionsagent 88
Diversität 111, 171, 181
Dogmen 147
Drogen 181
Ducken 8, 52

Eigeninteresse 172–173, 177
Eigentlichkeit 110

Einbildung, paranoische 5 Fn. 5, 46 Fn. 7
Einbildungskraft 17
Eingriff 66–67, 70–71, 79
Eingriffsabwehr 80
Eingriffsschranke 72, 79
Einstellung, objektivierende 145
Einstellung, performative 144
Einverständnis 147
Einzigartigkeit 59, 62
- und Verkanntsein 63
Emanzipation 186–188
Emotivismus 5–6, 45–46, 47, 49, 130, 161, 172
Empowerment 131
Entfremdung 184
Entrüstung 1, 47, 49, 75, 83, 161
- Chor der 47, 49, 75–76, 83
- als Ersatz für Begründungen 161
Entscheidungen 10, 66, 138, 145, 166–167
- und praktische Vernunft 148
- Verwandlung von Überzeugungen in 66, 82, 144
Entsublimierung 41, 191
Erfolg 111
Erweiterte Denkungsart (Kant) 73
Erziehung
- *siehe* Haltungskorrektur, moralische
Es 191
Essentialismus 103
Ethik, normative 136

Ethnen 26–28
Ethnie 85
Exklusion 179
Expertise 3, 79
Extension von Ausdrücken 13, 18

Faktizität 139, 145
Fanatismus, moralischer 7, 148, 151–153, 158
– unreiner 148
– reiner 148–149
Farbenblindheit 86
Faschismus 102, 123
Fat Shaming 174
Feminismus 13
Feuilleton 160
Fördermaßnahmen 131, 171
Fremdenfeindlichkeit 57, 170
Freudlosigkeit 49
Fundamentalwerte 146

Gegenseitigkeit 155
Geltenlassen 141–142
Geltungsanspruch 147
Gemeinwohl 103, 165
Gender 46
Gendern 4, 15–42, 194
– affektiv stark besetzt 29
– als Ausdruck von Anerkennung 15
– als Gebet 37
– und Konformismus 33
– als nervöses Symptom 35–36
– als private Politik 30
– richtige Lösung 42
– Selbstparodie 31, 55
– Selbstreferentialität 21–22
– als transnationale Normierung 31
– als unvollständig 21
siehe auch Sichtbarkeit
Gendersternchen 21–22, 28, 32, 101
Generisches Maskulinum 13–16, 30
Gentleman 186, 188
Genus, sprachlich 14
Gerechtigkeit, soziale 175, 179, 189
– Hauptinstrumente 179
– und Inklusion 173, 175
– und Korrektur reiner sozialer Ungleichheit 176, 179
– residuale 182
– Spielraum für Realisierung 178
– und politischer Staat 179
Geschichte, Ende der 38, 189–190, 193
Geschlecht 3, 14, 20, 59–60, 81, 86, 118
– selbstbestimmt 5
– als soziales Konstrukt 60
– als Vorurteil 21
Geschlechtsidentität 18, 60–63, 108
Gesellschaft als Naturzusammenhang 185–187
Gesslerhut 56
Gewerkschaften 3, 123
Glass Ceiling 181

Glaube 81
Gleichheit 4, 35, 67, 190
– reale 96
Grundeinkommen, bedingungsloses 189
Gruppen, soziale 94, 163
– deren «Kultur» 94–95
Gruppenidentität 95, 103, 106–107, 109, 112, 129
– formales Wesen 104, 106, 109
– inhaltliches Wesen 107, 109
Gruppenkompromiss 98
Gruppenrepräsentation 4, 85, 90, 96, 104
– als narzisstischer Spiegel 112
– proportionale 86, 93, 97–99

Haltungsdemonstration, moralische 22, 55
Haltungskorrektur, moralische 4, 80, 83, 172–173
– durch Training 78–79
Handlungslähmung 159–160
Heldentum 116, 132
Herabsetzung 44
Herdeninstinkt 83, 110
Herkunft 81
Hermeneutik des Verdachts 14
Herrenmenschentum 39
Heterogenität 162–163
Heteronormativität 48
Heterosexismus 46
Heuchelei 7–10, 77, 82–83, 113, 150, 156–158
Höflichkeit 24–25
Holländer, Fliegender 1–2
Homophobie 174

Humanressource 110–111
Hybris 157

Ich-Libido 37
Idealtyp 73
Identifizierung 106
Identität, soziale 43, 49
– und Nicht-Identität 62
Identitätspolitik 107, 113, 176 Fn. 7
– und Animositäten 128, 130
– versus Materialismus 129
Ideologiekritik 97
Imperativ 140
Indifferenz 111, 183, 185
Individualismus 112–113
Inklusion 6, 15, 28–29, 46, 95, 99, 101, 140, 171, 190
– Kompatibilität mit reinen sozialen Ungleichheiten 175, 181
– Kontrast mit sozialer Gerechtigkeit 173, 176, 181, 189–190
– und Verwaltung und Gerichtsbarkeit 179–180
Inklusionsparadigma 6, 12, 98, 104, 108, 114, 172, 174, 177
Inkorporation 139, 141
Innerlichkeit 160, 184
Instrumentalismus, juristischer 137
Intension von Ausdrücken 18
Internalisierung 78
Intersektionalität 87 Fn. 3, 100 Fn. 23, 116, 118–119, 128

Sachregister

- deren kategorischer Imperativ 129
- Intersubjektivität 143–144
- Intoleranz, religiöse 174
- Intuition, moralische 8
- Ironie 165–166

- Kampf 98
- Kannibalismus 40
- Kapitalismus 181, 193
  - und Entsublimierung 191
  - und Freiheit 193
- Karriere 96, 110–111
- Kategorisch 135
- Klasse, soziale 91, 120, 122, 123, 125–126
  - als Ergebnis von Diskriminierung 125
  - im vornehmen Sinn 132–133
  - Unterschied zu Diskriminierungstatbeständen 120
- Klassenbewusstsein 133
- Klassengegensatz 37
- Klassifikationssysteme 94
- Klugheit 135
- Kognitivismus, moralischer 6, 44
- Komik 55
- Kompetenz 66–67, 70, 79, 143–145, 166
- Komplimente 71
- Konsens, vernünftiger 147
- Konsumverzicht 38
- Konventionen 71–72, 74
- Kooperationsrisiken 182
- Korporatismus 102
- Krankheit 179

- Kränkung 96, 99, 154
- Kunst 171

- Labels, rassistische 4, 51–52
- Legal Ethics 137
- Leistungsanreize 177, 182
- Leistungsfähige 152, 177
- Leistungswille 173, 182
- Liberalismus, liberale Gesellschaft 10, 24, 38, 57, 81, 150, 180
- Literatur, schöne 167
- Lohnarbeiter, freie 122
- Lookism 27, 86
- Love Dolls 70
- Luxus 190

- Mann, alter und weißer 1–2, 73, 77, 79, 106, 159
- Marktmacht 122
- Markttranszendenz 186–188
- Marktwirtschaft 172, 177, 179, 183
  - moralisch geläuterte 172, 180
  - und Sozialisierung des Wollens 183
- Matrix, heterosexuelle 21
- Metaethik 5, 43–44, 136
- Metrosexualität 112
- Mildtätigkeit 181–182
- Minderheiten 100
- Missbilligung, soziale 24
- Mitklit 47, 54
- Mittelklasse, akademische 3, 36, 51

Mohr im Hemd (österr. Dessert) 39–42
Mohrenbräu 51–52
Moral 135, 138, 147
- dezentrale Durchsetzung 154–155
- Impertinenz der 166
- emotionale Sprengkraft 154
- als «subjektiv» 154
- Überschreitung ins Tun 165
siehe auch Recht und Moral
siehe auch Urteil, moralisches
Moralismus 2 Fn. 1, 11, 33, 152
- als ostentativ 23, 30
Moralität 5, 24, 67, 158–159, 166–167
Moralitätskritik 77, 158–159
Moralprinzip 148

Nachhaltigkeit 189
Narzissmus 35–37, 165, 184–185
Nationalsozialismus 156
Natur, menschliche 191–192
Nazi, konsistenter 149–150, 156–157
Neoliberale Linke 2–5, 79, 101
- und moralische Läuterung der Märkte 57
Non-Kognitivismus, moralischer 4, 6, 45, 47, 161
siehe auch Emotivismus
Normalisierung 15
Normalsituation 9
Not- und Verstandesstaat 180

Obsoletwerden der Qualifikation 179
Ohnmacht 121, 128
Ökonomie 111
Opfer 6, 72, 115
- Leid 115
- Prominenz 115 Fn. 1
- Selbstbestimmung als 6
- epistemisch privilegierter Zugang zum moralischen Unrecht 53, 69, 72, 74, 131
- Wehklage des 76
Opferbereitschaft 177
Opferstatus 116, 128
- Inkommensurabilität 117–118
- und Intersektionalität 116, 119
- Konkurrenz um 131
- Skalierbarkeit 117
Orientierung, sexuelle 3, 118

Passing Theories 144
Passivität 185, 187
Pathos der Distanz 36–37, 57
Patriarchat 28
Penis 47
Politisch 67
Polizei 145
Populismus 3
Pornographie 181
Porsche 189
Prädikat, extensionales 124
Präsenzpolitik 99, 101–102, 112
Praxis, politische 157
Prekariat 3, 57
Proletariat 3, 49, 132–133

Psychoanalyse 33, 41

Qualifikationen 97
Quotenregelungen 131, 171

Rache 54, 75, 155–156, 158
Randgruppen 100
Rasse 3, 117–118
Rassieren 20, 38
Rassismus 1, 4, 40, 43, 57, 92, 156, 169–170, 174
Rationalität 135, 174–175, 177
Reaktionär 39
Recht 2, 8–10, 65
- als Kritik der praktischen Vernunft 9–10, 66, 68, 82, 148, 166–167
- und Legalität 4–5, 8–9, 68, 77, 82, 167
- und emotives moralisches Urteil 8, 76, 167
- und Moral 2, 10–12, 76, 135, 141, 145, 167
- unernst 166
- unvernünftiges 83
- als Verhaltensmuster der entscheidenden Organe 137
- versöhnlich 166
- Vorhersehbarkeit des 68
Rechtsgeltung 141
  siehe auch Geltenlassen
- und moralisches Urteil 141
Rechtslehre, Reine 140–141
Rechtspositivismus 138–143
- exklusiver 143–144
- inklusiver 139, 141
- Normenontologie 140

Rechtsrealismus, amerikanischer 136–138
- Einwand gegen 138
Rechtssicherheit 68
Rechtsverhältnis 9–11, 77 Fn. 16, 82, 143, 166
Regeln 142
Reinheit 160
Relativismus, moralischer 44
Renaissance 186
Repräsentation, politische 86, 99, 101
Respekt 2, 18, 19, 23, 81
Ressentiment 8, 83, 158
Risikoeinschätzung 142
Risikomanagement 142, 178
Rollenperformanz 109
Romantik 60

Schadensprinzip 50
Schlechtreden 158
Schrägsein (Queerness) 107–109, 112–113, 164
- als Ersatz für authentisches Selbstsein 107, 110
- und Sichtbarkeit 112
Schweigen 8–9, 53, 76, 83, 161
- als politischer Akt 162
- Unsicherheit und 74
Schweigespirale 9, 161
Seele, schöne 159–160
Selbstgerechtigkeit 162
Selbsthass 149
Selbstinteresse
- *siehe* Eigeninteresse
Selbstzensur 77
Semiotik 13

Sex 46
Sexismus 1, 43, 46–49, 57, 72, 92, 103–104, 117, 174
Sexualakt 49
Sexualfeindlichkeit 79
Sexuelle Belästigung 4, 8, 69–70
Sichtbarkeit 4, 101, 107, 110, 132, 158–159
– und Gendern 15, 17, 23, 29
Signifikant 13
Sitten 71
Sittlichkeit 7–8, 151, 153–154
Skepsis, pyrrhonische 65
Skeptizismus, moralischer 44
Sklaverei 56, 68, 117
Soft Law 23–23, 30–31
Solidarität 153
Sorge, wechselseitige 153
Soziale Frage 180, 182
– und Emanzipation 186
– im liberalen Verstande 180–181
– aus der Sicht sozialer Gerechtigkeit 182
– und Sozialismus 188
– und Vergesellschaftung 183–184
Sozialismus 187–189, 190–192
– als Antwort auf die soziale Frage 188
Sozialpathologie 151, 153
Spätmoderne 3, 59–60
Spiel 165–166
Spiele 181
Sprache 14–15
– genderinklusive 55

siehe auch Gendern
Sprachkritik 17
Staat, politischer 179
Staatsverschuldung 182
Stammeskulturen, akademische 97
Stand 102
Standortkonkurrenz 182
Status, sozialer 174
Stimme, innere 30
Sublimierungsverzicht 191
Symbolpolitik 38
Symptombildung 36

Tesla 189
Theorie, kritische 11
Transferleistungen 178–179
Tugenden 80
Tugendhaftigkeit 73, 81, 177

Über-Ich 191
Überdeterminierung 19
Überheblichkeit 157
Überzeugung, innere
– *siehe* Moralität
Umverteilung 4
Unbestimmtheit 147
Unfall 179
Ungleichheit, soziale 4, 20, 38, 56, 91, 113
– Vereinbarkeit mit Inklusion 175
– reine 126, 174, 176, 179
Universalisierung
– *siehe* Verallgemeinerung
Unparteilichkeit 67, 97–98, 152, 162

Sachregister

- Verdacht des Totalitären 162
Unterdrückung 86, 100, 102, 163
- strukturelle 86
Unternehmertum 187–188, 193
Unvereinbarkeit, ontische 118–119
Unwesen 105–106
Urfehde 75
Urteil, hypothetisches 140
Urteil, moralisches 6, 140
- als Bosheit 7, 32, 153, 156, 181
- als Handlungskompensation 8, 159–160
- kritische Ebene 148
- Objektivitätsanspruch 140
- und Rücksicht auf Leiden 43
- als Machtfrage 6
- Milde 150, 153
- als Ausdruck von Missbilligung («Verachtung») 6, 154 Fn. 38, 157
- als Rache 54, 75, 155–156, 158
- Sachdimension 166
- Sozialdimension 166
- als Sprechakt 154–155
- Strenge des 150
- und Vereindeutigung des Mehrdeutigen 40, 48–49, 52, 79
- sittliche Voraussetzungen 7–8, 151, 153–154
- bringt Unrecht hervor, das es anprangert 20, 49, 57
- zieht Verdacht der Bosheit auf sich 153–154, 162
siehe auch Verallgemeinerung

Verallgemeinerung 149–153
Verdienstlichkeit 175
Verhalten, vernünftiges 135
Verhältnismäßigkeit 67, 155
Verkanntsein 63, 163
Verletzung, gefühlte 53–54, 156
Vernunft, praktische 9–10, 66, 68, 82, 135
- und Entscheidung 148, 167
- inhärente Faktizität 145
- stellt sich in der Praxis her 151
- «veranderte» 144, 146
Vernunft, Verformung der 11
Vernünftige Person 73
Versichern, soziales 179, 182
Versöhnung 165
Verzeihung 165–166
Vorbild 5
Vorrechte 4
Vorurteile 1, 169–170
- unbewusste 170 Fn. 1

Wanton 192
Weltanschauung 142
Wertschätzung 95, 115, 171
Wettbewerbsfähigkeit 150, 152–153, 164
Willkür 171 Fn. 2, 174–175
Willkürfreiheit 177, 185
Wir 123, 193

Wirklichkeitskonstruktion 113
Wohlstand 152
Wohltätigkeit
– *siehe* Mildtätigkeit
Wollen zweiter Ordnung 191–192

Wollen, triebhaftes 191, 193

Zivilreligion 38
Zwang 24
Zwangsneurose 33–35